LA VIDA
DE SANT HONORAT

(LA VIE DE SAINT HONORAT)

OUVRAGES DE M. A. L. SARDOU,

ET A LA MÊME LIBRAIRIE.

Dictionnaire (NOUVEAU) **abrégé de la langue française,** où l'on trouve les mots de la langue littéraire et les termes scientifiques les plus usités, suivi d'un *Dictionnaire historique, mythologique et géographique*, ou dictionnaire des noms propres les plus usités ; par M. SARDOU, 1 fort volume in-18, de 740 pages environ, très-bien imprimé. Nouvelle édition revue. Prix, cart. . . . . **2 fr. »» c.**

Le *Dictionnaire de la langue française*, seul. Prix, cartonné. **1 fr. 50 c.**

Le *Dictionnaire historique*, etc., seul. Prix, cartonné. . . » fr. **60 c.**

Ce petit dictionnaire de la langue française, dont la nomenclature est plus riche que celle de beaucoup de gros dictionnaires, est un véritable livre d'éducation, car il est très-soigneusement expurgé de tous les termes grossiers ou peu décents.

Dictionnaire (NOUVEAU) **de synonymes français**; par M. SARDOU. 1 fort volume in-12, d'environ 600 pages (1857). Prix, br. **3 fr. 50 c.**

Cet ouvrage forme le *deuxième* degré de l'enseignement rationnel des synonymes.

Études et Exercices sur les synonymes français; par M. SARDOU. *Livre de l'élève*, 1 fort volume in-12. Prix, cartonné. **2 fr. 50 c.**

— *Livre du maître*, 1 volume in-12. Prix, cartonné. . . . **3 fr. »» c.**

Cet ouvrage forme le *premier* degré de l'enseignement rationnel des synonymes ; l'auteur y pose les bases de cet enseignement, expose la méthode à suivre, établit les théories sur les données incontestables de la philologie, et complète chaque article des synonymes par des exercices dans lesquels les élèves sont obligés de faire l'application des théories. Ce recueil est d'autant plus précieux pour l'étude, qu'aucun de ce genre n'avait encore été publié à l'usage des classes.

Coulommiers. — Imprimerie de A. MOUSSIN. — 1858.

LA VIDA
DE SANT HONORAT

(LA VIE DE SAINT HONORAT)

LÉGENDE EN VERS PROVENÇAUX DU XIIIe SIÈCLE.

Par **RAYMOND FÉRAUD**.

ANALYSE ET MORCEAUX CHOISIS

AVEC

LA TRADUCTION TEXTUELLE DES DITS MORCEAUX, LA BIOGRAPHIE DU VIEUX POËTE,
ET UNE NOTICE HISTORIQUE
SUR SAINT HONORAT ET SUR LES ILES DE LÉRINS,

Par **A. L. SARDOU**,

AUTEUR DE DIVERS OUVRAGES CLASSIQUES.

A PARIS

CHEZ P. JANET, LIBRAIRE-EDITEUR, RUE DE RICHELIEU, 15,

ET CHEZ DEZOBRY, E. MAGDELEINE ET Ce, LIBRAIRES-ÉDITEURS,
Rue du Cloître-Saint-Benoit, 10

A MARSEILLE

CHEZ BOY, LIBRAIRE, BOULEVARD DUGOMMIER.

A AVIGNON

CHEZ ROUMANILLE, LIBRAIRE, RUE SAINT-AGRICOL, N° 10.

1858

Ceci est un essai. Il sera malheureux peut-être, et par ma faute, parce que je m'y serai mal pris ; mais il me restera toujours l'espoir que d'autres, plus habiles, sauront un jour réussir où j'aurai échoué.

Nous laissons dormir dans la poussière de nos bibliothèques, une littérature qui, pendant plusieurs siècles, a fait les délices de toute l'Europe. Les Allemands l'étudient, la goûtent, et publient en ce moment une collection complète des poëtes de la *langue d'Oc* (1). Il me semble qu'en cela nos érudits et nos philologues devraient au moins lutter de zèle avec ceux d'outre-Rhin : toutes ces poésies des fameux *trobadors* (2), toutes ces richesses que nous nous laissons ainsi enlever, appartiennent à la France bien plus qu'à l'Allemagne : d'où vient donc que nous les dédaignons au point de ne pas même en soupçonner l'existence?

La langue que ces poëtes ont parlée était riche et harmonieuse. Fille aînée de la langue latine, elle était arrivée à son plus haut degré de perfection alors que le français, l'italien, l'espagnol et le portugais, autres rejetons du latin, n'en étaient encore qu'à la première période de leur formation. On sait que le Dante hésita longtemps, pour sa *Divina Comedia*, entre la langue italienne et la provençale.

Aujourd'hui cette langue, que les *trobadors* avaient portée dans les pays du nord comme dans ceux du midi de l'Europe, et qui partout était comprise et parlée, cette langue est devenue une langue morte, même pour les Provençaux : c'est ce qui explique en partie l'abandon dans lequel nous laissons ces vieux poëtes. Nous négligeons beaucoup moins la littérature romane du nord de la France, parce que nous en comprenons plus facilement le texte ; et, pour la première fois, nous imprimons aujourd'hui nombre de poëmes ou d'ouvrages en prose écrits, comme on dit, en vieux français. Il me semble qu'il serait juste et utile de faire participer les poëtes provençaux à cette heureuse résurrection, heureuse pour la philologie et pour l'histoire. Nous y gagnerions au moins l'avantage de mieux comprendre les origines de notre langue et de notre littérature.

---

(1) Est-il nécessaire de rappeler au lecteur que l'appellation générale *langue d'Oc*, autrement *langue limousine* ou *provençale*, etc., était commune à tous les dialectes parlés dans les provinces du midi de la France : Provence, Languedoc, Guienne, Gascogne, Auvergne, Limousin, etc.

(2) Je demande la permission de désigner les poëtes de la langue d'Oc par le titre qu'ils se donnaient eux-mêmes : *trobadors*, aux cas obliques ou du régime ; *trobaire*, au nominatif singulier. (Voir ci-après la règle importante de l'*s*.)

En effet, le provençal, plus près du latin que le français, met sur la bonne voie des étymologies pour les mots de notre langue qui sont dérivés du latin. D'autre part, les *trouvères* du nord de la France ne sont-ils pas un peu les fils des *trobadors* du midi ? L'état de civilisation où s'étaient maintenues les provinces méridionales jusqu'à la guerre des Albigeois, suffirait pour démontrer l'antériorité de la littérature de ces provinces ; et, si l'on cherchait bien, on trouverait sans doute plus d'une preuve de l'influence exercée par cette littérature sur celle du nord. On pourrait même préjuger la question, si l'on voulait bien admettre que l'emprunt de certaines expressions caractéristiques suppose des emprunts beaucoup plus importants : or, si je ne me trompe, le mot *trouvère* n'est que le provençal *trobaïre* francisé, et le mot *roman, romane*, ainsi que son dérivé *romancer*, ont appartenu primitivement à la langue des *trobadors* (1).

Cette langue ne saurait être un obstacle : elle existe encore dans tous nos départements du midi, dégénérée, il est vrai, et presque réduite à l'état de patois ; mais au moyen d'une traduction littérale, et après quelques jours d'étude, il n'est personne, non-seulement au midi, mais encore au nord de la France, qui ne puisse très-bien comprendre le texte et en saisir toutes les beautés.

Il ne s'agirait pas d'exhumer tout ce que nous possédons de la littérature provençale : il y aurait un choix à faire ; car tout n'est pas également bon, même dans les meilleurs poëtes provençaux, pas plus que dans nos trouvères et dans nos vieux prosateurs français. Si je ne me trompe, le travail que je publie pourrait servir d'exemple, sinon comme exécution, du moins comme spécimen d'idée et de forme.

J'ai choisi, pour ce premier essai, un long poëme composé dans le siècle même du Dante. C'est une curieuse légende faisant partie des poëmes du cycle carlovingien, et dans laquelle la fable est constamment mêlée à l'histoire. On y verra que l'auteur ne connaissait guère sa géographie, et qu'en rendant Charlemagne contemporain de saint Honorat, son héros, il a fait un anachronisme de 400 ans, précisément le même que celui qu'a fait Virgile, lorsqu'il a reporté Didon à l'époque du siége de Troie. Il ne faut pas s'en étonner : nul du temps du poëte ne savait la géographie ni l'histoire. Raymond Féraud a écrit son poëme 500 ans après l'élection de Charlemagne à l'empire d'Occident ; mais il avait fallu bien moins de temps pour que le grand empereur devînt un personnage légendaire, vivant à une époque très-reculée, *al temps antic*, comme dit notre poëte au commencement de son second livre.

Quand nous abordons les vieux écrivains du moyen âge, nous devons, avant tout, nous défaire de notre science et de nos idées modernes : nous pourrons alors les comprendre et les apprécier. Alors nous ne commettrons pas l'injustice d'accuser de grossière ignorance ou de mauvaise foi, l'auteur d'une légende, qui n'a été pourtant que le fidèle écho de son siècle. Ici, par exemple, nous ne devons pas douter le moins du monde que Raymond Fé-

---

(1) Dans les mots tirés de mots latins en *manus, mana, manum*, la langue d'Oc a conservé la syllabe *man*, la langue d'Oïl l'a altérée en *main* : les adjectifs *romanus, humanus, germanus*, et le substantif *manus*, ont donné au midi : *roman, human, german* et *man* ; au nord : *romain, humain, germain* et *main*.

raud ne crût fermement à la vérité de tout ce qu'il raconte, et que tous ses lecteurs n'y crussent aussi fermement que lui.

Comme expression de faits réels et authentiques, la légende était véritablement pour nos pères ce que l'histoire est pour nous ; mais ils y croyaient de cœur, avec passion, avec bonheur même, et non froidement et par raison, comme nous le faisons de l'histoire. Ainsi la légende, au seul point de vue littéraire, est encore pour nous une étude pleine d'intérêt, en ce qu'elle nous reporte à des époques lointaines, et nous fait pleinement vivre de la vie de ces temps anciens. Elle n'est pas moins intéressante au point de vue historique : elle pourra être même extrêmement utile, si l'esprit du poëte a été assez puissant pour s'identifier, en quelque sorte, avec celui de son siècle et le résumer en lui ; car personne, plus et mieux qu'un poëte de cet ordre, ne reflète les idées, les croyances, les erreurs, les mœurs, les besoins, les tendances de son temps, surtout aux époques de foi naïve, où n'existe point une littérature de convention.

A ce titre, et en dehors même de toute considération philologique, le poëme de Raymond Féraud m'a paru mériter quelque attention. J'espère que l'on trouvera dans plusieurs des morceaux que je reproduis, la preuve du jugement que je porte sur cet ouvrage, défectueux sans doute et renfermant beaucoup de longueurs, mais cependant remarquable en bien des points, et parfait dans quelques-unes de ses parties.

Une chose frappera sans doute le lecteur : c'est la variété du rhythme et la justesse avec laquelle le poëte a su l'adapter à chaque sujet particulier. Je citerai surtout les strophes qui commencent le récit : *Al temps ancianor, so retrays l'escriptura*, et le passage où Charlemagne et ses compagnons sont emmenés prisonniers à Tolède : *A Tholeta los emmenet*, etc., morceaux d'une facture que l'on pourrait croire beaucoup plus moderne.

Le manuscrit sur lequel j'ai pris ma copie, faisait partie de la bibliothèque du monastère de Lérins, comme le constate une note placée en tête, et qui porte la date de 1586. C'est le même qui a servi à M. Raynouard, pour son Lexique de la langue romane ; et c'est à l'obligeance du savant professeur à l'École des Chartes, M. Guessard, que je dois l'heureuse fortune d'avoir pu m'en servir à mon tour. La Bibliothèque impériale possède deux autres manuscrits du même poëme, l'un coté n° 2737, *Lav.* 152, l'autre, *Suppl. Franc.*, n° 784. Mais tous deux, moins anciens que l'autre, sont aussi beaucoup moins précieux : le texte y est défiguré, la langue n'est déjà plus la même, les règles anciennes y sont complétement méconnues. Le n° 784 surtout, est moins une copie qu'une traduction en provençal plus moderne, traduction inintelligente, faite par un nommé Reforsat d'Olières, qui ne s'est même pas aperçu que les changements qu'il se permettait, brisaient le vers ou altéraient le sens. Il y a aussi dans ces manuscrits plusieurs omissions importantes.

A une traduction entièrement libre dans ses procédés, et en style tout à fait moderne, j'ai préféré une version littérale, serrant le texte de très-près, au point d'en suivre scrupuleusement la construction, et de rendre le sens de chaque mot ; et toutes les fois que j'ai pu trouver, dans notre vieux français, une expression parfaitement correspondante au mot provençal, pas assez vieille cependant pour ne pouvoir être comprise de chacun, je l'ai employée hardiment, et, qui plus est, avec intention. Les compositions naïves du moyen âge perdent tout leur caractère et presque toute leur valeur, traduites en français de notre temps. Que l'on essaye de rajeunir Jean de Meung, Villon, Froissard ou tout autre : voyez ce qu'est devenu le Petit Jehan de Saintré, ajusté de cette façon par le comte de Tressan !

De vrai, il faudrait, quand on veut interpréter les ouvrages écrits en langue romane du midi, le faire au moyen de la langue romane du nord. Mais, plus un habile traducteur aurait réussi dans ce travail difficile, moins il devrait s'attendre à avoir des lecteurs. Je crois donc que si l'on n'a pas uniquement en vue un travail purement philologique, il y a en cela un milieu dans lequel on doit se tenir : c'est ce que j'ai essayé de faire.

Je terminerai par quelques observations purement grammaticales, mais néanmoins fort utiles. D'abord, pour l'intelligence du texte, il est indispensable de connaître la règle de l'*s* : voici en quoi elle consiste, et comment M. Raynouard l'a formulée.

« 1° Au singulier, l'*s* finale attachée à tous les substantifs masculins, et à « la plupart des substantifs féminins terminés autrement qu'en *a*, indique « qu'ils étaient employés comme SUJETS ; et l'absence de l'*s*, qu'ils l'étaient « comme RÉGIMES DIRECTS OU INDIRECTS.

« 2° Au pluriel, les SUJETS ne recevaient pas l'*s*, qui, au contraire, s'atta-« chait aux RÉGIMES DIRECTS ET INDIRECTS.

« 3° Les noms féminins en *a*, sujets ou régimes, ne recevaient jamais au « singulier l'*s* finale, et l'admettaient toujours au pluriel.

« 4° Les substantifs qui originairement se terminaient en *s*, la conservaient « soit au singulier, soit au pluriel, comme OPS, *besoin* ; TEMPS, *temps* ; VERS, « *vers*.

« Concurremment avec cette règle, il existait toutefois une forme particu-« lière qui faisait distinguer, au singulier, le sujet et le régime de quelques « substantifs masculins.

« Ces substantifs reçurent la finale *aire*, *eire*, *ire*, comme sujets au singu-« lier : TROBAIRE, *troubadour* (1) ; BATEYRE, *batteur* ; SERVIRE, *serviteur* ; et la « finale *ador*, *edor*, *idor*, comme régimes directs ou indirects au singulier, « et comme sujets ou régimes au pluriel : TROB*ador*, BAT*edor*, SERV*idor*.

« L'*s* ne s'attachait jamais à ces sortes de substantifs au singulier, parce « que la terminaison suffisait pour distinguer le sujet en AIRE, EIRE, IRE, du « régime direct ou indirect, qui était toujours en ADOR, EDOR, IDOR ; mais au « pluriel, qui avait toujours cette dernière désinence, l'*s* marquait les deux « espèces de régimes. »

Il est à remarquer que toutes ces règles existaient aussi dans le vieux français.

Le provençal faisait un singulier emploi de la conjonction *ni* : dans une multitude de cas, cette conjonction a le sens positif de *et* :

> E si deguns m'asauta
> Mon romanz *ni* mons ditz.

---

(1) Ou mieux *trouvère*, forme française de *trobaire* : le mot *troubadour*, au singulier, est de même la traduction du cas régime *trobador*.

Et si quelqu'un m'attaque mon roman et mes dits. C'est ainsi que nous entendons la conjonction *ni*, dans ces vers de La Fontaine :

> Patience et longueur de temps
> Font plus que force *ni* que rage.

En voici un exemple plus remarquable encore :

> Ar mi diguas, per vostra ley,
> S'aperten a mon payrel' rey
> Aquest seyners que tant es ricx.
> Vol li mal o es nostr' amix?
> *Ni* cun a nom *ni* en qual repayre
> Estay?

« Or dites-moi, par votre loi, si appartient à mon père le roi ce seigneur « qui tant est riche. Lui veut-il mal ou est-il notre ami? *Et* comment a « nom *et* en quel pays demeure-t-il ? »

Il faut observer scrupuleusement les règles suivantes de prononciation, si l'on tient non-seulement à ne pas détruire l'harmonie et le rhythme, mais aussi à ne point dénaturer complétement la langue.

En général, la prononciation est la même que celle de l'italien, sauf pour le *e* et l'*u*, qui se prononcent comme en français, et pour le *z*, qui est tout à fait l'équivalent de l'*s*.

Ainsi, *ai* ou *ay* se prononce toujours *aï*; *oi* et *oy*, toujours *oï*; *ei* et *ey*, toujours *eï*.

En et *em* ont constamment le son qu'a *en* à la fin du mot *examen*, et *em* dans le latin *tempus*.

In sonne toujours comme dans l'italien *infelice*.

Le *j* a la prononciation italienne *dje*; il en est de même du *g* devant *e* ou *i*. Ainsi, *jens* et *gens* se prononcent *djen*; *jamays* se prononce *djamaï*.

Enfin, la pénultième est généralement longue dans les mots de deux syllabes : *terra, guerra, monges, gesta*; terre, guerre, moine, geste. Il y a cependant un très-grand nombre d'exceptions qui, d'ailleurs, sont le plus souvent indiquées par le français : *rason*, raison ; *dolor*, douleur ; *onor*, honneur ; *abat*, abbé ; *prezent*, présent ; *menton*, menton ; *plazent*, plaisant.

N. B. J'ai mis au bas des pages les notes qui ont pour but la juste interprétation d'un mot ou l'éclaircissement d'un passage, ainsi que les citations d'auteurs ; et j'ai rejeté à la fin du volume les renseignements géographiques, historiques, biographiques, etc., qui ne sont pas indispensables pour l'intelligence du texte.

BIOGRAPHIE
DE RAYMOND FÉRAUD.

« Remond Feraud gentilhomme prouensal, auoit esté toute sa vie amou-
« reux, et vray courtizan, suyuant la Cour des Princes; estoit bon Poete
« prouensal. La Royne Marie issue de la maison d'Hongrie, femme de Charles 2.
« du nom Roy de Naples, Comte de Prouence, le retint à son seruice. Es-
« criuoit fort bien et doctement en langue Prouensalle de toute sorte de rith-
« mes, ainsi qu'on peut voir en la vie d'Andronic filz du Roy d'Hongrie, sur-
« nommé sainct Honnoré de Lirins, par luy traducte du Latin (*Note* I), et
« mise en rithme Prouensalle à la requeste de ladicte Royne d'Hongrie, à
« laquelle il dedia l'œuure en l'an 1300. En récompense duquel la Royne lui
« fit auoir vn prioré dépendant du monastère de sainct Honnoré en l'isle de
« Lirins en Prouence (*n*. II). Ou ne trouue rien escript d'Amours qu'il aye
« faict, car pour ne donner mauuais exemple à la ieunesse les mist au feu; et
« en delaissant ceste vie print la contemplatiue, et se rendit religieux audit
« monastère de sainct Honnoré, ainsi que l'a escript le Monge des isles d'Or
« (*n*. III) : il a traduict plusieurs liures en rithme Prouensalle, receut de
« grandes faueurs de Robert Roy de Naples, Comte de Prouence, du temps
« qu'il estoit Duc de Calabre. Car voyant que ce Prince en sa ieunesse pre-
« noit plaisir aux lettres, et à cognoistre les nombres, les dimensions, et les
« proportions et mesures pour mieux entendre l'art de bastir et fortifier, faire
« ponts, ou machines nécessaires à la guerre, et qu'il sauoit de la geometrie
« et architecture, et qu'il estoit Prince benin aymant Dieu, après qu'il fut
« couronné Roy de Sicille (*n*. IV), fist plusieurs rithmes à sa louange. L'an de
« son trespas se trouue aux registres dudict monastère, que fut enuiron le
« temps que dessus. Sainct Cezari (*n*. V) dit qu'il fut surnommé *Porcarius*,
« du nom des anciens pères dudict monastère. Le Monge de Montmaiour (*n* VI)
« dict que ce *Porquere* estoit vn vilain gardien de pourceaux, qu'après auoir
« seruy long temps ledict monastère en estat de porchier, ils le receurent
« pour viure ocieusement *a la grassa souppa*. Quelqu'vn a escrit que ce Poete
« en sa ieunesse auoit desbauché la dame de Curban, qui fut l'vne des Presi-
« dentes de la Cour d'amour au chasteau de Romanin, nommée cy dessus en
« la vie de Perceval Doria (*n*. VII), qui s'estoit rendue religieuse en vn mo-
« nastère et l'auoit menée pour sa commere gaillarde par les Cours des Princes
« vn long temps, et estans tous deux las de suyure ceste vie, elle fut rendue
« au monastere de Cisteron, et luy au monastère de sainct Honnoré en l'isle de
« Lerins. » (*Les vies des plus celebres et anciens poetes Provensaux, qui ont
floury du temps des Comtes de Prouence*, par JEHAN DE NOSTRE DAME pro-
cureur en la Cour de Parlement de Prouence. *Lyon*, MDLXXV.)

Jehan de Nostre Dame (ou de Nostradamus) ne dit rien de la famille du
poëte, ni du lieu de sa naissance. On croit qu'il était parent des seigneurs de
Glandevès (*n*. VIII), et qu'il naquit dans cette ville ou aux environs. On peut
du moins, d'après le dialecte dont il s'est servi, supposer qu'il avait été élevé
sur les bords du Var : en effet, ce dialecte qui, dit-il lui-même, n'est pas le
droit provençal, était certainement celui de la partie tout à fait orientale de
la Provence et du comté de Nice, qui dépendait alors de ce grand fief. Ce qui
ne doit laisser aucun doute à cet égard, c'est qu'un assez grand nombre de
mots qui n'ont été employés par aucun autre *trobador*, sont encore en usage
dans ce pays, et ne le sont guère que là.

LA VIE DE SAINT HONORAT.

« Cette vie, dit notre poëte, fut trouvée jadis en un temple; un moine de Lérins l'apporta de Rome : de là nous est venue la geste en langage antique. Vous n'y trouverez rien que la vérité pure. »

> La vida s'atrobet en un temple jadis;
> De Roma l'aportet una monges del Leris :
> De lay si trays li gesta d'una antigua scriptura (1).
> Ren non i trobares mays de veritat pura.

Après ce petit avis au lecteur, le poëte parle d'Adam, de sa chute, et de la rédemption du genre humain : il invoque l'aide du fils de Dieu, de la Vierge et de saint Honorat, pour qu'il puisse dignement raconter la vie de ce grand saint.

Car mantz m'en an requist;	Car maints m'en ont requis;
De l'onrat payre en Crist	De l'honoré père en Christ
Monsen Guancelm l'abat	Monsieur Guancelme l'abbé (n. IX)
Agut en ay mandat.	J'en ai eu mandement.
Car a la pros reyna	Car à la preude reine (2),
Que ves Dieu es enclina,	Qui vers Dieu est portée,
A ma donna Maria,	A madame Marie,
Filla de rey d'Ongria,	Fille de roi de Hongrie,
E que porta corona	Et qui porte couronne
De Cecilia la bona,	De Sicile la bonne (n. X)
En volra far prezent.	En voudra faire présent.

Suit une prière à Dieu le Père, puis quelques mots de préface.

E si deguns m'asauta	Et si quelqu'un m'attaque
Mon romanz ni mons ditz,	Mon roman (3) et mes dits,
Car non los ay escritz	Parce que ne les ai écrits
En lo dreg proensal,	En le droit [pur] provençal,
Non m'o tengan a mal;	Qu'on ne me le tienne à mal;
Car ma lenga non es	Car ma langue non est
Del dreg proenzales.	Du pur provençal.
. . . .	. . . .
Quatre libres y a	Quatre livres y a
Trastotz en una tiera (4);	Trétous en une île :
Vers consonantz e simples,	Vers consonnants [rimés] et simples
Rimps de manta maniera.	Rhythmés (5) de mainte manière.

---

(1) *Scriptura* doit ici se prendre dans le sens de *langue* et non dans celui de forme des lettres : *antigua scriptura*, c'est-à-dire, le latin. Ainsi l'a entendu J. de Nostre-Dame, dans sa biographie de R. Féraud.

(2) *Preude reine*, vertueuse reine. *Preude*, dont nous avons fait *prude*, était le féminin de l'adjectif *preux*.

(3) *Roman*, poëme en langue romane ou vulgaire.

(4) *Tiera* ou *tiero* se dit encore aujourd'hui dans la partie orientale du département du Var, et signifie *suite*, *file de choses*.

(5) De coupe et de longueur diverses, et non pas *rimés*, ce qui ferait répétition avec le mot *consonnants*. C'est l'interprétation de J. de Nostre-Dame quand il a dit de notre poëte qu'il « escriuoit fort bien et doctement en langue prouensalle de toute sorte de rithmes, etc. » (V. la Biographie de R. Féraud.)

Il prévient qu'il a lu Moïse tout entier, qu'il a maints livres à sa disposition, les vies des Pères (*vitas Patrum*) et maints *romans*. Il a tenu et il a lu « la geste de la sainte conqueste qui fut à Roncevaux » :

>De la sancta conquesta
>Que fom en Ronzas valz.

Enfin il commence son récit.

>— Al temps ancianor, so retrays l'escriptura,
>Que Maumet de Mecha, malvaysa creatura,
>E Johans Gaunes feron ley de falsa figura
>>De peccat e d'error;
>
>Don foron verinat man dux et man persant (1) :
>Pinabel de Bugia e Sidrac d'Oriant :
>Marsili de Maroc am son frayre Aygolant,
>>Que foron rey clamat
>
>D'Agen e de Girona, de Murcia la bella,
>De Toleta la gran, tro intz en Conpostella,
>Granada, Sarragoza, de trastota Castella,
>>E rey de Pampelona.
>
>Aquist cresian la ley de la malvaysa gesta;
>— Bafum e Travagan onravan en lur festa;
>Per so qu'en Crestian poguessan far conquesta
>>E menar a desrey.
>
>— Ad Andrioc d'Ongria doneron lur seror,
>Prinpce de Cumania e de tota l'onor,
>Frayre Leon le grec, que fom de gran riquor
>>E de gran manentia.
>
>— Au temps très-ancien, ce rapporte l'écriture,
>Que Mahomet de Mecque, mauvaise créature,
>Et Jehan Gaunes (2), firent loi de fausse figure (3)
>>De péché et d'erreur ;
>
>Dont furent envenimés [empoisonnés] maints ducs [chefs] et maints vaillants :
>Pinabel de Bougie et Sidrac d'Orient,
>Marsile de Maroc avec son frère Aygolant,
>>Qui furent rois acclamés
>
>D'Agen et de Girone, de Murcie la belle,
>De Tolède la grande, jusque dans Compostelle,
>Grenade, Saragosse, de toute la Castille,
>>Et rois de Pampelune.
>
>Ceux-ci croyaient la loi de la mauvaise geste;
>Mahomet et Travagan honoraient en leurs fêtes,
>Pour ce qu'en Chrétienté pussent faire conquête
>>Et mener à désarroi.
>
>A Andrioc de Hongrie *ils* donnèrent leur sœur,
>Prince de Cumanie et de toute l'honneur (4),
>Frère *de* Léon le grec, qui fut de grande richesse
>>Et de grandes possessions.

Suit le portrait de la belle Herenborc ou Helenborc, sœur des princes mahométans et femme d'Andrioc.

>Herenborc, la plus bella de cara, de fayzon,
>Huelltz vars e saura testa con fil d'aur en viron,
>Bel vis, boca risent e colorat menton,
>>Flor de tota Castella.

---

(1) Ou *présans* (Bibl. impériale, ms., coté Lav., 152), qui a du prix, vaillant, puissant.
(2) Le même sans doute que *Guenes* ou *Ganelon*, le traître si célèbre dans les romans en langue d'Oïl.
(3) C'est-à-dire de faux symbole.
(4) *De tota l'onor*, c'est-à-dire de tout le fief, de toute la seigneurie. Le mot *honneur* avait le même sens dans la langue d'Oïl.

> Rosa fresca de may non es plus colorada ;
> Gent cors e bellas mans de fayson mesurada,
> Gent parlant e plasent c'a totas gentz agrada
> E sas beautatz retrays.

— Herenborc, la plus belle de figure et de forme,
Yeux vairs (1) et blonde tête avec fil d'or autour,
Beau visage, bouche riante et coloré menton,
Fleur de toute Castille.

Rose fraîche de mai n'est *pas* plus colorée ;
Gent corps et belles mains de forme mesurée (2),
Gent parler et plaisant qui à toutes gens agrée
Et ses beautés retrace.

Ayzi retray l'estoria lo pantays de la bella Helenborc et del rey Andrioc d'Ongria.	Ici retrace l'histoire le songe de la belle Helenborc et du roi Andrioc de Hongrie.

La belle Helenborc devient enceinte ; elle rêve qu'il lui sort du corps une flamme brillante en forme de colonne : le sommet de cette colonne gigantesque touche au ciel, et sa base, s'étendant jusqu'en Espagne, écrase la loi païenne. Le roi Andrioc, qui était en Turquie, rêva ce même soir, *pantayset aquel ser*, et fit un rêve semblable. Revenu de la guerre de Turquie, il trouve sa femme accouchée d'un bel enfant auquel il donne le nom d'Andronic. Cependant ce double rêve, qui présage la ruine du paganisme et de l'hérésie, l'inquiète fort : il craint que la mère, fanatique mahométane, ne fasse périr l'enfant ; c'est pourquoi il donne à Andronic des gardes en même temps que des nourrices, et le fait élever à la campagne près de Nicomédie, dans un palais construit au milieu des bois par Constantin, père d'Andrioc.

Un jour que le jeune prince, devenu grandelet, « mangeait dans la forêt avec aucuns de ses gens. »

> Manjava en la forest ab alcuns de sas gents,

Un chrétien vient lui demander l'aumône au nom de Jésus-Christ, roi du Paradis. De retour au palais, l'enfant dit à sa mère qu'il a vu un messager de Jésus, et demande si ce roi du Paradis est de leur parenté et de celle de l'empereur.

> « Bell fyl, diys Helenborc, ben parllas de follor.
> Non plaza a Mahomet que cest Ihesu Crist sia
> Emperayres ni reys, ni de lur compaynia :
> Homs fom malauros, pendutz per sa follia.
> Ciyll que crezon en luy son falz gualiador,
> Lebros e malannant, e vivon a dolor. »

— « Beau fils, dit Helenborc, bien parlez de sottises.
Ne plaise à Mahomet que ce Jésus-Christ soit
Empereur ni roi, ni de leur compagnie :
Homme il fut malheureux, pendu pour sa folie.
Ceux qui croient en lui sont faux imposteurs,
Lépreux et mal-en-point, et vivent à douleur. »

Helenborc irritée fait faire commandement *de part* le roi, *da part lo rey*, que l'on mette à male mort tout homme qui croit en Jésus-Christ.

> 1. Per la regna d'Ongria e per tota Alamayna,
> Fan aucire los santz, tro en la gran Espayna.

---

(1) Bleus et blancs.
(2) C'est-à-dire bien proportionnées.

Cant Dieus lo glorios aparec verament
A tres verays cors santz qu'estavan penedent
5. Lonc temps el mar de Creta, en un' isla plaseat.
Ayso fom santz Caprasis, santz Magona, santz Liontz,
Que de gran sanctitat eran et lums e fontz.
. . . .
« Annas, diys Ihesu Crist, pres de Nichomedia,
En la forest del rey tenes la dreyta via.
— 10. Trametray vos dos fyllis d'Andrioc, rey d'Ongria;
E menares los en lay on aures mandat.
Aquist eysausaran sancta crestiandat. »

— 1. Par le royaume de Hongrie et par toute l'Allemagne
Ils font occire les saints, jusqu'en la grande Espagne.
Quand Dieu le glorieux apparut vraiment
A trois vrais corps saints (1) qui étaient pénitents.
5. Longtemps en la mer de Crète en une île plaisante [agréable].
Ce fut [c'étaient] saint Caprasis, saint Magons, saint Lions (2)
Qui de grande sainteté étaient lumière et source.
. . . .
« Allez, dit Jésus-Christ, près de Nicomédie,
En la forêt du roi tenez le droit chemin.
10. Vous remettrai deux fils d'Andrioc, roi de Hongrie;
Et les emmènerez là où vous aurez mandement [ordre].
Ceux-ci rehausseront sainte chrétienté. »

Ayzi retray l'estoria la caza del cerv e con Andronic trobet los santz.

Ici retrace l'histoire la chasse du cerf et comme Andronic trouva les saints.

Un jour de mai,

De may quel' temps es clars e gays
E l'ausellet refrayn son lays,
E las vals blanquejan de flors,
E an n'i de mantas colors,
Andronic, fil del rey d'Ongria,
Cavalca am sa gran compaynia.

De mai que le temps est clair et gai,
Et l'oisillon chante son lai,
Et les vallées blanchissent de fleurs,
Et y en a de maintes couleurs,
Andronic, fils du roi de Hongrie,
Chevauche avec sa grande compagnie.

Il va à la chasse : un cerf l'entraîne loin de ses gens, dans un passage si étroit, que son cheval ne pouvant y passer, le jeune prince est obligé de mettre pied à terre. Il s'avance et voit venir à lui trois hommes à mine très-sauvage et fort mal vêtus.

L'enfas fom tan espavantatz
Que brayda e crida e playn si,
Car sa gent non vi costa si.
Pensava si veraysament
Diables fossa aquesta gent.
Mays ayzo eran li cors sant
Qu'avian tant esperat l'enfant,
Pres de tres anz en la gaudina,
On avian mot paura cozina.
Cant saut Caprasi s'apropchava,
Et l'enfas plus fort tremolava :
Morir crezia veraysamentz,
Car non vezia res de sas gentz.

L'enfant fut si épouvanté
Qu'il braille et crie et se lamente,
Car sa gent il ne vit près de soi.
Il se pensait en vérité
Que diables fussent ces gens-là.
Mais c'étaient les corps saints
Qui avaient tant attendu l'enfant,
Près de trois ans dans le bois,
Où ils avaient moult pauvre cuisine.
Quand saint Caprasi s'approchait,
Et l'enfant plus fort tremblait :
Mourir il croyait vraiment,
Car ne voyait rien de ses gens.

Saint Caprasi le rassure et lui annonce que Jésus-Christ, qui fit le tonnerre, *que fey lo tron*, l'a choisi, lui Andronic, pour sauver tout l'Occident et détruire la fausse loi de paganisme. Pendant ce discours de Caprasi, le cerf re-

---

(1) C'est-à-dire *saints personnages*.
(2) Ou saint Caprais, saint Magonce et saint Léonce.

vient et se place à côté du saint. Le jeune prince veut savoir qui a élevé et nourri ce bel animal; saint Caprasi lui répond :

« Cell Dieus que tot lo mont formet	« Ce Dieu qui tout le monde forma
E noyre bestias e peysons,	Et nourrit bêtes et poissons,
Als sieus amix donet grantz dons.	Aux siens amis donna grans dons.
Totas nos son obedientz,	Toutes nous sont obéissantes
E fan nostres comandamentz. »	Et font nos commandements. »
Andronicx regarda los santz	Andronic regarde les saints
E vi lur las personas grantz,	Et leur vit les personnes grandes,
Promes (1) e de bella rason,	Honorables et de belle forme,
E de mot gran entention (2),	Et de moult grande intelligence,
E diys : « Bonas jens, cal segnor	Et dit : « Bonnes gens, quel seigneur
Serves, vos autre, c'a dolor	Servez, vous autres, qui à douleur
Vos fay viure e pauprament?	Vous fait vivre et pauvrement?
Non vi anc ta vil vestiment	Ne vis oncques si vil vêtement
Con vos autre aves sus l'esquina.	Comme vous autres avez sur le dos.
Qui vos ve la cara mesquina	Qui vous voit la figure mesquine
Lo cors e lo vis aterrit,	Le corps et le visage exténué,
Ben sembla que sias marrit,	Bien semble que soyez misérables
Maygres e palles et enclins	Maigres et pâles et courbés,
E los huells leguaz e mesquins.	Et les yeux cernés et mesquins [abattus].
Mala es aytal seynoria	Mauvaise est telle seigneurie
C'aysi decay sa conpaynia.	Qui ainsi rabaisse sa compagnie.
Ben say que mon payres le reys	Bien sais que mon père le roi
Non despesa aysi son peys	Ne distribue ainsi son poisson
Ni las viandas a sas jent.	Ni les viandes à sa gent.
E segon lo mieu encient,	Et selon le mien escient (3),
Yeu cre que fach l'aves irat :	Je crois que fait l'avez iré (4) :
Per que est aysi condapnat.	Par quoi êtes ainsi condamnés.
Mays si sens colpa vos fay mal,	Mais si sans coulpe (5) vous fait mal,
Greu seynor aves en aytal.	Grief seigneur avez en tel.
Si voles ambe mi venir,	Si voulez avec moi venir,
Mantenent vos faray vestir	Sur-le-champ vous ferai vêtir
E onrrar el palays del rey,	Et honorer au palais du roi,
Si voles creyre nostra ley ;	Si voulez croire notre loi ;
E laysares aquest seynor	Et laisserez ce seigneur
Queus fay viure a tal deysonor. »	Qui vous fait vivre à tel déshonneur. »
Sans Caprasis diys a l'enfant :	Saint Caprasi dit à l'enfant:
« Le mieus seyners a poder grant.	« Le mien seigneur a pouvoir grand.
Aquist forest es tota sia,	Cette forêt est toute sienne,
Bestias et autra manentia ;	Bêtes et autres possessions ;
E totas lausan lo sieu nom	Et toutes louent le sien nom
Del comenz del mont tro al som. »	Du commencement du monde jusqu'à la fin. »
— « Ar mi diguas, per vostra ley,	— « Or dites-moi, par votre loi,
S'aperten a mon payrel' rey	Si appartient (6) à mon père le roi
Aquest seyners que tant es ricx.	Ce seigneur qui tant est riche.
Vol li mal o es nostr' amix?	Lui veut-il mal ou est-il notre ami?
Ni con a nom ni en qual repayre (7)	Et comment a nom et en quel pays
Estay? Diray o a mon payre,	Demeure-t-il? Je le dirai à mon père,
Et auran ensemps conpaynia. »	Et auront ensemble compagnie. »
— « Si lo li dic ben o faria	— « S'il le lui dit bien ce ferait
Andronic. Del seynor per ver	Andronic. Du seigneur pour vrai
Ti puesc dire lo sieu poder.	Te puis dire le sien pouvoir.
Des lo comenzament del mon,	Dès le commencement du monde,
Formet totas las res que son;	Il forma toutes les choses qui sont;
E fes de diversas naturas	Et fit de diverses natures

---

(1) *Prosomes*, mss. de la Bibliothèque impériale. Ce mot, formé de l'adjectif *pros*, preux, et du substantif *ome*, homme, existe aussi dans le vieux français.
(2) Ce mot a une foule de significations ; il exprime le plus souvent une faculté de l'esprit ou de la volonté, et quelquefois aussi un penchant, une affection, un mouvement du cœur.
(3) Et à mon sens, selon mon sentiment.
(4) Je crois que vous l'avez irrité.
(5) Sans faute de votre part.
(6) *Ou* s'il tient par la parenté.
(7) Pays, région, demeure, séjour. C'est aussi le vieux sens du mot français *repaire*.

Cant Dieus lo glorios aparec verament
A tres verays cors santz qu'estavan penedent
5. Lonc temps el mar de Creta, en un' isla plasent.
Ayso fom santz Caprasis, santz Magons, santz Liontz,
Que de gran sanctitat eran et lums e fontz.
. . . .
« Annas, diys Ihesu Crist, pres de Nichomedia,
En la forest del rey tenes la dreyta via.
— 10. Trametray vos dos fiylls d'Andrioc, rey d'Ongria ;
E menares los en lay on aures mandat.
Aquist eysausaran sancta crestiandat. »

— 1. Par le royaume de Hongrie et par toute l'Allemagne
Ils font occire les saints, jusqu'en la grande Espagne.
Quand Dieu le glorieux apparut vraiment
A trois vrais corps saints (1) qui étaient pénitents.
5. Longtemps en la mer de Crète en une île plaisante [agréable].
Ce fut [c'étaient] saint Caprasis, saint Magons, saint Lions (2)
Qui de grande sainteté étaient lumière et source.
. . . .
« Allez, dit Jésus-Christ, près de Nicomédie,
En la forêt du roi tenez le droit chemin.
10. Vous remettrai deux fils d'Andrioc, roi de Hongrie;
Et les emmènerez là où vous aurez mandement [ordre].
Ceux-ci rehausseront sainte chrétienté. »

| Ayzi retray l'estoria la caza del cerv e con Andronic trobet los santz. | Ici retrace l'histoire la chasse du cerf et comme Andronic trouva les saints. |

Un jour de mai,

De may quel' temps es clars e gays	De mai que le temps est clair et gai,
E l'ausellet refrayn son lays,	Et l'oisillon chante son lai,
E las vals blanqueian de flors,	Et les vallées blanchissent de fleurs,
— E an n'i de mantas colors,	Et y en a de maintes couleurs,
Andronic, fil del rey d'Ongria,	Andronic, fils du roi de Hongrie,
Cavalca am sa gran compaynia.	Chevauche avec sa grande compagnie.

Il va à la chasse : une cerf l'entraîne loin de ses gens, dans un passage si étroit, que son cheval ne pouvant y passer, le jeune prince est obligé de mettre pied à terre. Il s'avance et voit venir à lui trois hommes à mine très sauvage et fort mal vêtus.

L'enfas fom tan espavantatz	L'enfant fut si épouvanté
Que brayda e crida e playn si,	Qu'il braille et crie et se lamente,
Car sa gent non vi costa si.	Car sa gent il ne vit près de soi.
Pensava si veraysament	Il se pensait en vérité
Diables fossa aquesta gent.	Que diables fussent ces gens-là.
Mays ayso eran li cors sant	Mais c'étaient les corps saints
Qu'avian tant esperat l'enfant,	Qui avaient tant attendu l'enfant,
Pres de tres anz en la gaudina,	Près de trois ans dans le bois,
On avian mot paura cozina.	Où ils avaient moult pauvre cuisine.
Cant sant Caprasi s'apropchava,	Quand saint Caprasi s'approchait,
Et l'enfas plus fort tremolava :	Et l'enfant plus fort tremblait :
Morir crezia veraysaments,	Mourir il croyait vraiment,
Car non vezia res de sas gentz.	Car ne voyait rien de ses gens.

Saint Caprasi le rassure et lui annonce que Jésus-Christ, qui fit le tonnerre, *que fey lo tron*, l'a choisi, lui Andronic, pour sauver tout l'Occident et détruire la fausse loi de paganisme. Pendant ce discours de Caprasi, le cerf re-

---

(1) C'est-à-dire *saints personnages*.
(2) Ou saint Caprais, saint Magonce et saint Léonce.

leur foi. A cette horrible nouvelle Helenborc éprouve une telle douleur qu'elle perd connaissance.

  E casec abausada en mley del payment.
  Le reys l'en volc levar, mas le sanc li deyssent —
   Del nas e de la boca.

  Li sia gentils colors es trastota mudada;
  Fresca con nuylla flos, es en nient tornada:
   Li mortz al cor la toca.

  — Et *elle* tomba étendue au milieu du pavé (1).
  Le roi l'en voulut lever, mais le sang lui coule
   Du nez et de la bouche.

  Sa gentille couleur est trestoute changée;
  Fraîche comme nulle fleur, *elle* est en néant tournée:
   La mort au cœur la touche.

Adronic, voyant sa mère morte, s'évanouit de douleur. Le roi appelle ses gens : nombre de chevaliers et de serviteurs accourent. Ils relèvent Andronic et l'emportent ; après quoi Andrioc exhale sa douleur dans un *lai* où il fait l'éloge de la reine sa femme.

Ayzi commenza l'heregia quel' reys Andrioc enseynava a son fiyll Andronic.	Ici commence l'hérésie que le roi Andrioc enseignait à son fils Andronic.

Après l'enterrement d'Helenborc, Andrioc entreprend de ramener Andronic à la foi de ses pères, et lui fait un très-long et très-remarquable discours, que je crois devoir transcrire presque en entier.

Ar escouta, car fiyl	Maintenant écoute, cher fils,
A can mortal periyl	A combien mortel péril
As mes mi e ma terra.	As mis moi et ma terre.
Jamays non faray guerra	Jamais ne ferai guerre
Ni portaray escut :	Ni porterai écu :
Mon conseyl ay perdut,	Mon conseil ai perdu,
La bella Helenborc ;	La belle Helenborc ;
Del mont era li flors.	Du monde *elle* était la fleur.
Mal as trayt ton payre	Mal (2) as trahi ton père
Et as morta ta mayre.	Et mis à mort ta mère.
. . . .	. . . .
Bell fiyll, yest dessennatz	Beau fils, tu es hors de sens
C'ab homes de peccatz	Qu'avec hommes de péché
E de malvays conquist,	Et de mauvais acquêt (3),
Que creson Ihesu Crist	Qui croient Jésus-Christ
E la sia falsa ley,	Et la sienne fausse loi,
Vueyllas aver conrey.	Veuilles avoir bantise.
E dises que Ihesus	Et dises que Jésus
Es aquel dieus de sus,	Est ce dieu d'en haut
Quel' cels fetz e la terra.	Qui le ciel fit et la terre.
Mot sabia pauc de guerra !	Moult peu savait de guerre !
(Tons oncles Aygolantz	(Ton oncle Aygolant
En sap ben quatre tantz);	En sait bien quatre *fois* autant) ;
Qu'el fom pendutz al vent	Car il fut pendu au vent
Per Pilat lo valent.	Par Pilate le vaillant (4).
Donquas si aquest fos dieus,	Donc si cettuy eût été dieu,

---

(1) Sur les dalles de la salle.
(2) Méchamment.
(3) Nous dirions aujourd'hui : « Qui sont de mauvaises connaissances. »
(4) Ou le puissant.

Non pogra per Juzieus	Il n'aurait pu par Juifs
Esser batutz ni tortz,	Être battu ni torturé,
Crucificatz ni mortz.	Crucifié ni mis à mort.
Pensa ti la valor	Pense-toi la valeur (1)
De Dieu le creator;	De Dieu le créateur;
C'uns dieus es et entiers.	Qu'un dieu est et entier.
Non fazas tres cartiers,	N'en fais point trois quartiers,
Con fan li crestian,	Comme font les chrétiens,
Que lo creson en van.	Qui le croient en vain.
Si Dieus nos' pot mudar,	Si Dieu ne peut changer,
Ni creysser, ni mermar,	Ni croître, ni s'amoindrir,
Qu'en vera deitat,	Parce qu'en vraie divinité,
Aura tostemps estat	Il aura tout temps existé
En esencia pura;	En essence pure;
E tota creatura	Et si toute créature
Volc trayre de nient,	Il voulut tirer de néant,
Con so qu'a-s-el non pent,	Comment cela qui à lui ne se rattache (2),
E de pols volc formar,	Et que de poussière il voulut former,
Pot am si ajostar,	Peut-il avec soi ajouter,
Ni mudar sa noblessa	Et changer sa noblesse
En deguna vilesa,	En aucun abaissement,
Nil' sia majestatz pura	Et la sienne majesté pure
S'ajost am creatura?	S'ajoute [s'allie] avec créature?
Car en cel estament	Car en cet état
Qu' era al comeuzament	Qu'il était au commencement
Estara tostemps mays	Il sera à tout jamais
Sens fin e sens relays.	Sans fin et sans intermission.
Doncs com am Dieu de sus	Donc comment avec Dieu d'en haut
Poc esser cest Ihesus	Peut être ce Jésus
Que fom crucificatz,	Qui fut crucifié,
En terra sosterratz?	En terre enseveli?
Ni Dieu con am luy fon,	Et Dieu comment avec lui fut
Qu'es sens division,	Lui qui est sans division,
Ni mays non pot morir,	Et jamais ne peut mourir
Ni degun mal sentir?	Ni aucun mal sentir?
Si Ihesus am lo rey	Si Jésus avec le roi
Que trastot lo mont fey	Qui tout le monde fit
Fos transsustanciatz	Fut transsubstantié
Ni vera deitatz,	Et vraie divinité,
Mays non pogra fayllir,	Jamais il ne pourra faillir,
Ni tant vil mort sentir	Ni si vile mort souffrir
Con fey aquest Ihesus	Comme fit ce Jésus
De qu'ieu ay dich de sus.	De qui j'ai dit dessus.
E tut ciyl quel' seguian	Et tous ceux qui le suivaient
A mala mort morian.	A male mort mouraient.
Mal creyre fay tals dieus	Mécroire fait tels dieux
Que fan morir los sieus.	Qui font mourir les siens (3).
Puey dison li mesquin	Puis disent les pauvres diables
Que dels sieus si parti,	Que des siens se partit (4),
E fetz assencion	Et fit ascension
Sus el sobeyran tron;	Sus en le souverain trône;
Et enantz que dampnatz	Et avant que condamné
Fossa per sons peccatz,	Il fût pour ses péchés,
Fetz creyre a sa jent	Fit croire à sa gent (5)
C'al tertz jorn verament	Qu'au tiers jour véritablement
El ressuscitaria,	Il ressusciterait,
E lur pareyseria	Et leur apparaîtrait
En pan sus en l'autar	En pain sus en l'autel
E en vin pur e clar;	Et en vin pur et clair;
E ab ellz estaria	Et avec eux demeurerait

---

(1) L'excellence, la supériorité.
(2) Qui n'est pas une portion de lui-même.
(3) C'est-à-dire: On ne peut croire à de tels dieux qui sont cause de la mort de leurs adorateurs.
(4) Se départit, se sépara.
(5) A ses disciples.

Per tot lo temps que sia.	Par tout le temps qui soit (1).
Aras uelas rason	Ores écoute [examine] une opinion (2)
Sens nuyll ententien	Sans nul bon sens (3)
E fora de natura :	Et hors de nature :
Que nuylla creatura	Que nulle créature
Viva pueys que es morta,	Vive puis [après] qu'*elle* est morte,
Aquist rasons es torta.	Cette croyance est fausse (4).
Ni cre que hompa mortals	Ni crois qu'homme mortel
Sia jamais eternals.	Soit jamais éternel.
Per que le Dieus del tron,	Par quoi le Dieu du tonnerre,
Plena de provesion,	Plein de prévision,
Non fetz anc aytal gesta,	Ne fit jamais telle œuvre,
Que d'error manifesta	Qui d'erreur manifeste
Es tota comenzada.	Est toute commencée (5).
Aquist ley non m'agrada.	Cette loi ne m'agrée.
Que ja pans torne Dieus,	Que ja pain tourne en Dieu (6),
Sapchas o dels Jisieus ;	Sache cela des Juifs (7) ;
Quel' vin tornes en sanc	Que le vin tourne en sang
Ayzo non trobem anc.	Cela n'avons jamais trouvé [vu].
Car fiyll, syas entendents :	Cher fils, sois entendant :
Ben saps que tota gents	Bien sais que toute personne
Desiran sa salut.	Désire son salut.
Mantz princes a agut	Maints prince y a eu
E reys en ton lynaye,	Et rois en ton lignage,
Homes de gran paraie ;	Hommes de grand parage (8),
E ducx, et l'enperayres	Et ducs, et l'empereur
Leona, que es mons frayres,	Léon, qui est mon frère,
E le reys Aygolantz,	Et le roi Aygolant,
Maysilis le persantz ;	Marsile le vaillant ;
Pertenien a ta mayre	*Ils* tenaient à ta mère (9)
Tant que eran siel frayre.	Tant qu'*ils* étaient ses frères.
As doncx tu sentz meyllor	As-*tu* donc sens meilleur
Que li cieu ancessor ?	Que les siens ancêtres ?
Ni pensas mais valer	Et penses-*tu* mieux valoir
Quel' rey de gran poder	Que les rois de grand pouvoir
E de gran manentia,	Et de grandes possessions,
C'an lo mont en bayllia,	Qui ont le monde en baillie (10),
El' riejon per gran sents,	Et le régissent par grand sens,
E capdellan las jentz ?	Et gouvernent les gens ?
Si trobassem per ver	Si *nous* trouvions pour vrai
Que deguessem aver	Que dussions avoir
Ley ab autra vertut,	Loi avec autre vertu,
Presa l'agram trastut.	Prise l'aurions trétous,
. . . .	. . . .
Non cresas l'escriptura	Ne crois *pas* l'écriture
De la falsa figura.	Du faux dogme.
Li actor son agut	Les acteurs ont été
Paupre e vill e nut ;	Pauvres et vils et nus ;
E ciyll qu'en son cresent	Et ceux qui en sont croyants
Monstran gran blandiment ;	Montrent grande adulation ;
E son visi e tric ;	Et *ce* sont apparences et tricheries (11).
E quant troban lo ric,	Et quand ils trouvent le riche,
Volon aver del sieu.	Veulent avoir du sien :
Mas queron o per Dieu ;	Mais le demandent pour Dieu ;

---

(1) Pendant tout le temps à venir.
(2) Le mot *rason* avait à peu près toutes les significations du latin *ratio*.
(3) Dépourvue de sens et de raison.
(4) *Torta*, littéralement *torte, tortue* ; et au figuré, *contraire à la droite raison*.
(5) Qui est toute fondée sur une erreur manifeste.
(6) Que jamais pain se change en Dieu.
(7) Demande-le aux Juifs, sache d'eux si cela est possible.
(8) De grande extraction.
(9) Ils tenaient par le sang, par la parenté.
(10) A qui le monde a été *baillé* pour être administré par eux.
(11) Faux semblants et tromperies.

E prometon li fort	Et lui promettent fort (1)
Granz bens aprop la mort,	Grands biens après la mort.
Ja non trobaras rey	Jamais ne trouveras roi
Que tengua aquesta ley ;	Qui tienne [observe] cette loi ;
Mas 'ent vil e marrida,	Mais gens vils et misérables,
Que'ls gautz d'aquesta vida	Qui les joies de cette vie (2)
Perdan per esperanza	Perdent par espérance
De so qu'es doptanza.	De ce qui est en doute (3).
Andronicx, doutz car fiyll,	Andronic, doux cher fils,
Non vaguas a periyll ;	Ne vas point à péril ;
E husa de totz gautz,	Et use de tous plaisirs,
E sias jausenz e bautz.	Et sois jouissant et gai (4).
Daray ti la plus bella	Je te donnerai la plus belle
Que anc se ses en sella,	Qui onc s'assit en selle,
A cuy beutatz aonda,	A qui [en qui] beauté abonde,
E a nom Rosamunda.	Et a nom Rosamonde.
Breumenz, zo n'es li soma,	Bref, ceci en est la somme (5),
Que l'enperi de Roma	Que l'empire de Rome,
Non a sa par beutat,	N'a sa pareille beauté,
(Mot nos o an maudat)	(Plusieurs nous l'ont mandé)
Filla d'Arnols lo rey,	Fille d'Arnol le roi,
Que es de nostra ley,	Qui est de notre loi,
Seynor de Lombardia	Seigneur de Lombardie
E de la manentia.	Et de tous ses fiefs.
E ta sorre Costanza,	Et ta sœur Constance,
Que grantz valors enanza,	Que grande valeur rehausse,
Donarem a so fiyll :	Donnerons à son fils :
Pueys serem semps periyll.	Puis serons sans péril.
Fiyll, ar auias mons prex ;	Fils, ores écoute mes prières ;
E nembre ti dels Grex,	Et souviens-toi des Grecs,
Que a tan gran honor	Qui a si grand honneur
T'an fach emperaor,	T'ont fait [élu] empereur,
Apres Leon, mon frayre,	Après Léon, mon frère,
De trastot son repayre,	De trétout son pays,
De Romania la grant ;	De Romanie la grande ;
Car anc non ac enfant.	Car oncque il n'eut enfant.
Fiyll, en tu es l'espers ;	Fils, en toi est l'espoir
De totz nostres poders ;	De tous nos pouvoirs ;
E trastot lo linaje	Et trétout le lignage
Pos tenir en paraje.	Peux tenir en possession.
Mas si non vols ausir	Mais si ne veux ouïr
Mons prex, ni mantenir	Mes prières, ni maintenir
L'emperi nil' regnat	L'empire ni le royaume
Ni zo c'ay conquistat,	Ni ce que j'ai conquis,
Li vida di ton payre	La vie de ton père
Non za pot durar gayre :	Ne se peut durer guère :
Tost seray soterratz	Tôt serai enterré
Am las plascnts beutatz	Avec les plaisantes beautés
D'Helenborc la reyna,	D'Helenborc la reine,
C'as mort per atayna.	Que tu as mise à mort par chagrin.

Toutes ces raisons de mécréant ne touchent point Andronic. En vain son père l'entoure-t-il de femmes et de jeunes gens de son âge, légers et amis des plaisirs : notre héros reste inébranlable dans sa foi. Il fait semblant de prendre part aux folies de ses compagnons ; mais dans son cœur, il prie Jésus-Christ de lui faire retrouver bientôt les saints personnages pour qu'ils lui donnent le baptême, car il ne désire rien tant.

Cependant le roi Andrioc mande ses hommes et leur ordonne de prendre des armes ainsi que des chiens, et d'aller tuer les trois ermites de la forêt.

---

(1) Au riche.
(2) Gaut ou gauch (du latin gaudium), les jouissances, les bonheurs, les joies de ce monde.
(3) De ce qui est fort douteux.
(4) Bautz se trouve dans notre vieux verbe s'ébaudir et dans ébaudissement.
(5) Ceci dit tout.

Mais Jésus-Christ apparaît à saint Caprasi disant la messe, et lui dit de se rendre avec ses deux compagnons au port d'Eurocla (Héraclée, sans doute), où ils trouveront un navire et les deux fils d'Andrioc, qu'ils conduiront en Lombardie.

Les trois saints se mettent en route. Andrioc, qui croit n'avoir plus rien à craindre de ce côté, prie Germain, son autre fils, d'user de toute l'influence qu'il peut avoir sur l'esprit d'Andronic pour lui faire abandonner la loi du Christ. Mais le contraire a lieu : c'est Andronic qui convertit Germain.

Le roi, plus irrité que jamais, prend un parti qui lui paraît excellent : il envoie les deux jeunes gens auprès de l'empereur Léon, son frère.

Car en negun palays	Car en aucun palais
Non si trobarian mays	Ne se trouveraient jamais
Tantz delictz, tans baudors,	Tant *de* délices, tant *d'*ébaudissements,
E vanetatz d'amors,	Et vanités d'amours,
En trastot l'autre mont	En trétout l'autre monde
Tro intz en Negrepont.	Jusques en Négrepont.
E cant en luegn repayre	Et quand en lointain pays
Seran ambe son frayre,	Seront avec son frère,
Non auran volontat	*Ils* n'auront volonté
Que sian mays batiat,	Qu'*ils* soient jamais baptisés,
Ni volran conpaynia	Ni voudront compagnie
De crestian que sia.	De chrétien que *ce* soit.
Bon li par le conscllz, etc.	Bon lui paraît le dessein, *etc.*

Les deux frères arrivent sous bonne escorte à la ville d'Eurocle; ils y trouvent les trois saints, qui les attendaient avec un navire tout prêt à appareiller, et ils ont un entretien secret avec eux. On convient de partir le lendemain même dès le matin, et l'on se sépare. Vers minuit, lorsqu'ils sont bien assurés que leurs gens dorment profondément, les deux enfants sortent du palais et vont droit au port ; saint Caprasi les reçoit sur le navire, et « ils donnent la voile aux vents » *donan la vela als ventz.*

Ayzi diz l'estoria con le reys d'Ongria playn sos dos enfantz.	Ici dit l'histoire comment le roi de Hongrie plaint ses deux enfants.

La douleur d'Andrioc apprenant la fuite de ses deux fils, est vraiment touchante.

Cant o ausi le reys, tal dolor no ac mays ;
E playn si : « Las ! caytiu, que poyras jamays fayre ?
« Perdut as los enfants et as perdut la mayre ! » *etc.*

— Quand cela ouït le roi, telle douleur n'eut jamais ;
Et se plaint : « Las ! chétif, que pourras-*tu* jamais faire ?
« *Tu* as perdu les enfants et as perdu la mère ! *etc.* »

Mais son naturel violent reprend bientôt le dessus : il entre dans une grande fureur contre Mahomet :

« Cinc centz milia dyables formeron aytals dieus,
« Que si laysan enblar et aucire los sieus !
« Non an tort crestian, si blastoman la ley
« Ni la malvaysa jesta quel' fals Baphumet fey. »

— « Cinq cent mille diables formèrent tels dieux,
« Qui se laissent enlever et occire les siens !
« *Ils* n'ont tort *les* chrétiens, s'*ils* blasphèment la loi
« Et la mauvaise geste que le faux Mahomet fit. »

Ayzi diz con li sant vengron en Lombardia.   Ici dit comment les saints vinrent en Lombardie.

Pendant que le roi de Hongrie exhale sa douleur et sa colère, « les saints sont en la mer là où Dieu les envoie » *li sant son en la mar lay on Dieus les envia.*

> 4. Tempesta d'aquilon es syroc el labech
> Los parton de la terra laynz en lo pelech.
> Per l'ira del mal temps s'en vay li naus a forza ;
> S'una milla va drech, catorze vay a l'orza.
> 5. Plueias e siolons e grantz desaventura,
> Eiyllauzeses e trons, ventz de manta figura,
> An suffert un gran temps, c'anc pausar non los lec;
> Frascat lur a lur vela, e van ad albre sec.
> Desesperat si son que mays venguan a port.

> — 4. Tempête d'aquilon et siroc (1) et *labech* (2)
> Les éloignent de la terre en dedans la pleine mer (3).
> Par l'ire du mauvais temps s'en va la nef de force (4) ;
> Si un mille *elle* va droit, quatorze *elle* va au hasard (5).
> 5. Pluies et ouragans (6) et grande mésaventure,
> Éclairs et tonnerres, vents de mainte figure (7),
> *Ils* ont souffert un grand temps, qui jamais reposer ne les laisse ;
> Déchiré leur a leur voile, et *ils* vont à arbre sec (8).
> Désespérés se sont que jamais *ils* viennent au port (9).

Les trois saints se mettent en prières : Caprasi supplie Jésus-Christ de les faire périr tous les trois, s'il le trouve bon ; mais de sauver les deux enfants qu'ils ont tirés de leur pays et enlevés à leur père.

> 4. « Tratz los ay de lur terra et emblatz a lur payre,
> Et an layssat lur regne els amix de lur mayre.
> Per ton glorios nom e per la tya cresenza,
> Desiravan am nos de fayre penedenza.
> 5. En nos seria ben messa tota desaventura,
> Qu'em vieyll et decasuch e de laia figura,
> Mas si aquist enfant de royal manentia
> Moron a mala mort, gran dapnaje seria.
> Seyner, per ta douzor dona nos temps suau,
> 10. Que nos trameta a port e nos e nostra nau. »
> Amtant uns adretz ventz si fier sus en l'antenna,
> Quels a mes el ribaje del port, pres de Ravenna.

> — 4. « Tirés les ai de leur terre et enlevés à leur père,
> Et *ils* ont laissé leur royaume et les amis de leur mère.
> Pour ton glorieux nom et pour la tienne foi,
> *Ils* désiraient avec nous de faire pénitence.
> 5. En nous serait bien placée toute mésaventure,
> Qui sommes vieux et caducs et de laide figure (10).
> Mais si ces enfants de royale fortune (11)

---

(1) *Siroc*, vent du sud-est ; en italien, *siroco*.
(2) *Labech*, vent du sud ; en italien, *labeccio* ; c'est le *libycus* des Latins.
(3) *Pelech* est le latin *pelagus*.
(4) La nef s'en va entraînée de force.
(5) Sans direction fixe, au gré des vents. Le mot à mot est *à l'ourse*, c'est-à-dire à l'aide de 'ourse, en n'ayant plus pour se guider que la constellation du pôle nord, qu'ils tâchent de ne pas perdre de vue.
(6) *Siolon*, du latin *sibilum*, suivant M. Raynouard : sifflement des vents, ouragan, tourmente.
(7) De toute espèce, de toute direction.
(8) *Albre*, arbre, le mât du navire : *albre sec*, le mât dépourvu de voile.
(9) Ils ont désespéré d'aborder au port.
(10) C'est-à-dire « et décrépits. »
(11) Ou « de royale maison. »

> Meurent à male mort, grand dommage serait.
> Seigneur, par ta douceur, donne-nous temps suave (1),
> 10. Qui nous conduise au port et nous et notre nef. »
> A l'instant un vent propice frappe sur l'antenne (2),
> Qui les a mis au rivage du port, près de Ravenne.

Les deux jeunes princes ont supporté courageusement toutes les privations et les fatigues du voyage ; mais ils vont être victimes d'une ruse du diable, qui leur a montré en songe la mort de leur père, la Hongrie mise à feu et à sang par les Turcs, leur sœur Constance déshonorée et emmenée captive. Ils se décident à retourner seuls dans leur pays, vendent leurs habits et se procurent ainsi l'argent nécessaire pour la route. Heureusement saint Caprasi s'aperçoit que le démon a trompé les enfants : lui et ses deux compagnons se mettent en oraison. Une nuée lumineuse descend du ciel : Andronic et Germain y voient le fils de Dieu dans toute sa gloire. Ils ont entendu les paroles que le Sauveur a adressées aux trois saints personnages : ils n'osent plus les aborder ; mais saint Caprasi les appelle et leur dit :

> So non es pas novell ; car lo dyable fals
> A cosdumat de far temptations aytals.

— Ceci n'est pas nouveau ; car le diable faux [trompeur] a accoutumé de faire tentations pareilles.

Il les prend par la main, les mène à l'autel dans une chapelle de monseigneur saint Pierre, le long de la mer, et les baptise : il donne à Andronic le nom d'*Honorat*, et à Germain celui de *Venans* ou *Venance*.

Le lendemain matin ils se mettent en route. Ils traversent la Lombardie et ne s'arrêtent qu'à Verceil (*n.* XI), où ils prennent trois jours de repos, « car Honorat et Venans sont fatigués du voyage. »

> Car las son del viaje Honorat e Venanz.

Saint Pierre leur apparaît et leur annonce que saint Macobri les attend à l'ermitage de l'Argentière (*n.* XII) pour leur transmettre ce saint héritage et mourir ensuite. Nos voyageurs se remettent en route, arrivent au col de la Brescha, et voient une brillante étoile tomber du firmament sur une montagne. Ils pensent que là doit être saint Macobri où ils ont vu l'étoile ; ils gravissent donc la montagne, et ils y trouvent en effet le saint ermite, qui les embrasse, leur remet de précieuses reliques qu'il avait longtemps gardées, et meurt après avoir reçu le corps de Jésus-Christ des mains de saint Caprasi.

| Ayzi diz l'estoria con le reys Aygolantz venquet lo duc Pepin e pres Karlle mayne en la batailla. | Ici dit l'histoire comment le roi Aygolant vainquit le duc Pepin et prit Charlemagne en la bataille. |

Cependant maints rois et maints vaillants hommes que la *loi païenne* a fait tomber dans l'hérésie, s'efforcent de détruire la vraie foi et font la guerre contre Pepin, duc de Bavière, » qui était chef et sommet, champion et porte-enseigne de l'Église de Rome. »

> Contra Pepyn, duc de Bayviers,
> Que era cap e soma,

---

(1) Agréable, favorable.
(2) Mot à mot « un adroit vent se fiert sus en l'antenne. » Beaucoup de verbes neutres s'employaient ainsi comme verbes réfléchis : on dit encore aujourd'hui *si dina, si soupa* (se dîner, se souper). Il en était de même dans le vieux français ; et il nous reste encore quelques-unes de ces locutions, comme par exemple *s'en aller*.

Campion et ensenayries
De la glyeisa di Roma.

Aygolant, *le rey de payania*, marche contre lui avec une très-grande armée. Pepin est vaincu; il échappe par vertu de Dieu, *per vertut de Dieu*, et revient dans *sa terre;* mais Charlemagne son fils et maints de son lignage sont faits prisonniers.

A Tholeta los emmenet Aygolantz, en sa terra; En carces los encadenet Con hom fay bestia fera. Tres antz foron enpreysonat; Et a cascuna festa, Mostravan Karle encadenat Li gent de mala jesta. Per que desiraya la mort Karlles; car mala vida Li fasia suffrir a gran tort Li mala jent matrida; Ni non esperava jamays Issyr d'aquel repayre. Am de cadenas un gran faiys Li fasian pena trayre.	A Tolède les emmena Aygolant, en sa terre; En prison *il* les enchaîna Comme on fait *de* bête féroce. Trois ans furent emprisonnés; Et à chacune fête, Montraient Charles enchaîné La gent de male geste. Pour quoi désirait la mort Charles; car male vie Lui faisait souffrir à grand tort La male gent méchante; Et *il* n'espérait jamais Issir de ce repaire. Avec de chaînes un grand fardeau Lui faisaient peine traire.

Ayzi diz con mon seyner sant Honorat annet a Tholeta per mandement de mon seynor sant Jacme per deslivrar Karlle de las preysons d'Aygolant.	Ici dit comment monseigneur saint Honorat alla à Tolède par mandement de monseigneur saint Jacques pour délivrer Charles des prisons d'Aygolant.

Saint Jacques apparaît un jour à Honorat sur le mont de l'Argentière et lui ordonne d'aller en pèlerinage à son église de Compostelle, dans le royaume de Galice. Honorat fait part de sa vision à saint Caprasi, qui lui ordonne d'obéir à l'apôtre de Dieu; Honorat prend Magons pour compagnon de route, et tous deux « partent de l'ermitage avec petit d'argent. »

Parton de l'hermitaje abe petit d'argent.

Quand ils sont arrivés à Compostelle, saint Jacques apparaît une seconde fois et dit à Honorat: « Ce n'est pas uniquement pour voir mon sépulcre que je t'ai imposé tant de fatigues: c'est pour délivrer Charles de la prison d'Aygolant. » Honorat s'informe du lieu où est retenu le prisonnier; il apprend de bourgeois et de barons, *de borzes, de barons*, que Charles est à Tolède. Honorat et Magons se dirigent vers cette ville à travers la grande Espagne, *per miey la gran Espayna :* ils y arrivent un jour où Aygolant donnait une grande fête dans laquelle deux mille vilains Turcs, *do milia Turcoples*, traînaient dans toute la ville Charlemagne couvert de chaînes, comme ils avaient coutume de faire :

E trason Karllo mayne en miey de la cyptat,
Aysi con far solian, pres et encadenat

Ayzi diz con sanz Honorat guari Sebylia, fiylla d'Aygolant, qu'era endemoniada, e desli-	Ici dit comment saint Honorat guérit Sebylia, fille d'Aygolant, qui était endiablée, et

vret Karlle mayne de la prey-son.

délivra Charlemagne de la prison.

Le roi Aygolant avait une fille nommée Sebylia ou Sibylle, qu'il aimait beaucoup. On n'en aurait pas trouvé de plus belle dans tout le royaume de Castille ; mais tous les jours le diable prenait possession de son corps. Le roi avait appelé de savants enchanteurs, des devins et tous les gens habiles dans les diableries et les mauvais arts, *e las malvaysas arts ;* mais en dépit de toutes leurs sorcelleries, le diable, pour vrai, ne désemparait point la place, *jens non la desampara le dyables per ver.* Ce que voyant Aygolant, il fait crier à son de trompe que s'il y a quelqu'un qui parvienne à guérir sa fille, il lui donnera grande terre, domaines et cités, et satisfera à toutes ses demandes. Saint Honorat, qui avait appris de sa mère, sœur d'Aygolant, la langue du pays, entend cette proclamation et se présente pour guérir sa cousine. Quand Aygolant le voit, il est frappé de la figure du jeune homme : ses traits lui rappellent ceux de sa sœur. « Par ma foi, dit-il, je croirais volontiers que c'est mon neveu : voyez sa figure, ses yeux, son menton ; jamais je n'ai rien vu de plus ressemblant. »

« Bellz amix, tray t'enant. Poyras donar sandat
— « A ma fiylla Sebylia ? Daray ti un comptat,
« O vilas, o castellz : vueyllas aur o argent,
« Si la mi rendes sana, ti daray mantenent. »
Sant Honoratz respont : « Si play al Creator,
« Yeu tolray a ta fiylla lo mal e la dolor. »

— « Bel ami, approche (1). Pourras-tu donner santé
« A ma fille Sibylle ? Je te donnerai un comté,
« Ou villes, ou châteaux : *que* tu veuilles or ou argent,
« Si me la rends saine, te donnerai sur-le-champ. »
Saint Honorat répond : « S'*il* plait au Créateur,
« J'enlèverai à ta fille le mal et la douleur. »

Et le poëte s'écrie :

1. Ar' escoutas, seyners, si vol ben Dieu servir
 Aquest precios santz. Si, com podes ausir,
 A la cort de son oncle es, del rey Aygolant,
 C'avia tan nobla terra e riquesa tant grant.
5. Mas anc de son liynaje non fetz nuylla parvenza,
 Ni diys a sons parentz neguna conoyssenza.
 Mais desira tornar el bosc en l'ermitaje
 Per servir Ihesucrist, qu'estar am son linaje.
 Ar' intret en las cambras qu'eran penchas am flors,
10. E d'asur e d'esmaut e de mantas colors ;
 Lay on tenian Sebylia vencuda e liada,
 C'am dentz et am las mans desfazya la maynada.
 Resauta, brayda e crida, e fort si desgaymenta ;
 A lo dyable el cors, que tan fort la turmenta.
15. Cant Honoratz la vi, mantenent fetz venir
 De sal et d'aygua neta, e vay la besenir ;
 En nom de Ihesucrist l'en gitet en la cara
 Amb un ram d'olivier ; tantost la desampara
 Le dyables malvays.

— 1. Maintenant écoutez, seigneurs, s'il veut bien Dieu servir
 Ce précieux saint. Ainsi, comme pouvez l'entendre,
 A la cour de son oncle *il* est, du roi Aygolant,
 Qui avait si noble terre et richesse si grande.
5. Maïs onc de sa parenté *il* ne fit nul semblant,

---

(1) Mot à mot : « Tire-toi en avant. »

Ni dit à ses parents aucune connaissance (1).
Plus désirait retourner au bois dans l'ermitage
Pour servir Jésus-Christ, que rester avec sa famille.
A l'instant *il* entra dans les chambres qui étaient peintes avec fleurs,
10. Et d'azur et d'émail et de maintes couleurs;
Là où *l'on* tenait Sibylle garrottée et liée,
Qui avec *les* dents et avec les mains défaisait la mesnie (2).
Elle bondit, braille et crie, et fort se lamente;
Elle a le diable au corps, qui tant fort la tourmente.
15. Quand Honorat la vit, sur-le-champ *il* fit venir (3)
Du sel et de *l'*eau pure, et va la bénir :
Au nom de Jésus-Christ lui en jette à la face
Avec un rameau d'olivier; aussitôt la désempare
Le diable mauvais.

Vive reconnaissance de la princesse et d'Aygolant, assez honnête homme quoique païen, pour tenir religieusement ses promesses. Honorat refuse tout : il demande seulement la liberté de Charlemagne et de douze autres prisonniers. Le roi y consent et fait donner à Charles et à ses compagnons des chevaux et une bonne somme d'argent pour qu'ils puissent dès ce moment aller où bon leur semble. Quant à Honorat, il n'accepte rien, prend humblement congé d'Aygolant, de Sibylle, de Charlemagne et de ses gens, et s'en retourne droit au mont de l'Argentière, où il avait laissé son frère et ses autres compagnons.

Ayzi diz con Venans playnia son frayre Honorat, qu'era annatz en Espayna.

Ici dit comment Venans plaignait son frère Honorat qui était allé en Espagne.

L'absence prolongée d'Honorat rend bien malheureux son frère Venans.

1. Soven pregava Dieu, lo fiyll Sancta Maria,
Que li rendes son frayre e la sya compaynia,
Qu'es en estrayna terra annatz tan paurament.
« Car, seyner Ihesu Crist, per lo tieu mandament,
5. « Sens cavall e sens bestia, seyner, la es annatz;
« E le caytius Venantz, sos frayres, es restatz. »
. . . .
Aysi si desguaymenta Venanzis cascum dia.
Li sant lo conortavan, mays ren non lur valia :
Cascun jorn s'en anava al som de la montayna,
10. E reguardava lueyn si vira sa conpayna;
Mant frey e mant'engoyssa Venanzis i suffria,
E de fam e des set; e cant plus non podia,
Tornava s'en al santz : mas non pot plus tenir
De venir en l'angarda, ni los treballs suffrir.
15. Ar' estay malanantz de sanglut e de tos,
De la vista son frayre tant era volontos.
Cant venc al centen jorn, per terme vertadier,
El non pot plus annar per via ni per cendier;
En la cella son frayre abausaz si jacia.
20. Caprasis el Liontz li fasian compaynia,
E lo reconfortavan ; mas fort avia perdut
De manjar e de beure gran part de sa vertut.
Cant ii sant al malaute disian manta novella,
Honoratz, e Magonz intran en la capella;
25. E cant agron complit lur sancta oration,
Iyll sonan la canpana : li autre conpaynon

---

(1) Aucune connaissance de sa qualité de parent : il ne se fait aucunement connaître de ses parents.
(2) Elle mettait à mal les gens de la maison qui l'entouraient, qui étaient auprès d'elle.
(3) Il fit apporter.

Vengron as sant Miquel. Venanzis s'es levatz;
Ben conoys que sons frayres era ja repayratz :
Am lagremas, ams plors son car frayre baysava;
30. Car avia tant estat duramentz lo reptava.
Li duy romieu lur comptan tot l'esdeveniment,
Con foron as sant Jaume, e per son mandament
Annet deslivrar Karlle Honoratz en Castella,
Et de la malautia de Sebylia la bella.
35. Gratias n'an rendut plus de mil e de cent
Trastut li compaynon a Dieu l'omnipotent. Amen.

— 1. Souvent *il* priait Dieu, le fils *de* sainte Marie,
   Qu'*il* lui rendît son frère et sa compagnie (1),
   Qui est en terre étrangère allé si pauvrement.
   « Car, seigneur Jésus-Christ, par le tien mandement,
5. « Sans cheval et sans bête, seigneur, là est allé ;
   « Et le chétif [le pauvre] Venans, son frère, est resté. »
. . . .
   Ainsi se lamente Venansis (2) chaque jour.
   Les saints le consolaient, mais rien ne leur valait (3) :
   Chaque jour *il* s'en allait au sommet de la montagne,
10. Et regardait au loin s'*il* verrait son compagnon ;
    Maint froid et mainte angoisse Venansis y souffrait,
    Et de faim et de soif ; et quand n'en pouvait plus,
    S'en retournait aux saints ; mais *il* ne peut plus tenir
    De venir au guet (4) et les peines souffrir.
15. Maintenant *il* est mal allant (5) de sanglots et de toux,
    De la vue de son frère tant était désireux.
    Quand vint au centième jour, pour terme vrai,
    Il ne peut plus aller par voie ni par sentier ;
    En la cellule de son frère étendu *il* gisait.
20. Caprasi et Lions lui faisaient compagnie,
    Et le reconfortaient ; mais fort *il* avait perdu
    De manger et de boire grand part de sa vertu (6).
    Quand [pendant que] les saints au malade disaient mainte nouvelle,
    Honorat et Magons entrent dans la chapelle ;
25. Et quand eurent accompli leur sainte oraison,
    Ils sonnent la cloche ; les autres compagnons
    Vinrent à saint Michel. Venansis s'est levé ;
    Bien *il* connaît que son frère était já repairé (7) :
    Avec larmes et pleurs son cher frère *il* baisait ;
30. De ce qu'*il* avait tant été (8) durement *il* le grondait.
    Les deux pèlerins (9) leur content tout l'événement (10),
    Comment *ils* furent à Saint-Jacques, et par son mandement
    Honorat alla délivrer Charles en Castille,
    Et de la maladie de Sibylle la belle.
35. Grâces en ont rendu plus de mille et de cent
    Trétous les compagnons à Dieu l'omnipotent. Amen.

---

(1) Et la société de son frère.
(2) *Venansis*, diminutif : le petit Venans, le gentil Venans.
(3) Mais rien ils n'y faisaient.
(4) *Angarda* ou *engarda*, lieu d'où l'on regarde au loin.
(5) Mal portant.
(6) De son pouvoir, de sa faculté.
(7) Était à ce moment rapatrié, c'est-à-dire rentré au logis, à sa demeure.
(8) De ce qu'il avait été si longtemps absent, de ce qu'il avait tant tardé.
(9) *Romieu* s'est dit d'abord de celui qui allait en pèlerinage à Rome, puis d'un pèlerin quelconque.
(10) Tout ce qu'il leur est advenu, toutes leurs aventures.

LA VIE DE SAINT HONORAT.

Ayzi comenza le segon libre, e ditz l'estoria con l'enperis de Roma fom transportaz dels Grecx als Alamantz en persona de Karlle mayne, per la sancta gleysa de Roma.	Ici commence le second livre, et dit l'histoire comment l'empire de Rome fut transporté des Grecs aux Allemands en la personne de Charlemagne, par la sainte église de Rome.
Al temps antic, cant Aygolantz,	Au temps antique, lorsque Aygolant,
El' reys Marsiles le persantz,	Et le roi Marsile le vaillant,
E Arnols, reys de Lombardia,	Et Arnol, roi de Lombardie,
E mant prince de payania,	Et maints princes de *païanie* [païens],
Perseguian per tot crestians	Poursuivaient partout chrétiens
E per montaynas e per plans,	Et par montagnes et par plaines,
Que volian la crestiandat	Qui voulaient la chrétienté
Cazar de terra e de regnat;	Chasser de domaine et de royaume;
E santz Esteves le segontz,	Et saint Étienne le second (*n.* XIII),
Papa de Roma otrals montz,	Pape de Rome outre les monts,
Ac mandat a l'enperador	Eut mandé à l'empereur
Leon de Grecia la major:	Léon de Grèce la majeure:
Mot l'avia requist e pregat	Moult l'avait requis et prié
Que defendes crestiandat;	Que défendit *la* chrétienté;
Anc per precx ni per mandamentz,	Onc par prières ni par mandements,
Leons non fom obedientz;	Léon ne fut obéissant;
Ni portet lanza ni escut.	Ni porta lance ni écu.
Per que li Roman volgron tut,	Pour quoi les Romains voulurent tous,
Et nostre papa majorment,	Et notre pape encore plus,
E li cardenal eysament,	Et les cardinaux également,
Que l'enperi dels Grecx ostes	Que l'empire des Grecs *il* ôtât
Et als Latins lo trasportes.	Et aux Latins le transportât.
Als Alamantz l'au autrejat,	Aux Allemands l'ont octroyé,
Que defendian cretiandat.	Qui défendaient *la* chrétienté.
Per que pueys le papa Leons	Par quoi puis le pape Léon (*n.* XIV)
Am princes et am manz barons	Avec princes et avec maints barons
Karlle mayne, lo bon guerrier,	Charlemagne le bon guerrier,
Fiyll de Pepyn, duc de Bayvier,	Fils de Pepin, duc de Bavière,
An elegut enperador,	Ont élu empereur,
Am gran gauch et am gran baudor;	Avec grande joie et grande réjouissance;
E manderon li mantenent.	Et *le* lui mandèrent sur-le-champ.
Per que Karlles secretament,	Pour quoi Charles secrètement,
A tapin, si mes en la via	En tapinois, se mit en route
Sus per los Alps de Lombardia.	Sus par les Alpes de Lombardie.

Charlemagne vient avec sa suite à la montagne de l'Argentière, pour implorer les prières des ermites. Il reconnaît parmi eux saint Honorat, et se jetant à ses pieds, il s'écrie:

« Seyner, mil gratias ti rent;	« Seigneur, mille grâces te rends;
Car tu mi desliuriest tan jent	Car tu me délivras si gentiment
De las preysons rey Aygolant;	Des prisons *du* roi Aygolant;
E mi fezyst honor tan gran,	Et me fîtes honneur si grand,
Que mi doniest tot cant obs m'era	Que me donnâtes autant que besoin m'était (1)
Aur et argent tro en ma terra.	Or et argent jusqu'en ma terre.
Car seyner, e con estays vos?	Cher seigneur, et comment êtes-vous?
— Seyner, merce Dieu e de vos:	— Seigneur, merci Dieu et de vous:
Yeu siu sans, e sirvem a Dieu,	Je suis en santé, et servons à Dieu,
Yeu e cist autre seynor mieu. »	Moi et ces autres seigneurs miens. »
E Karlle respont mantenent:	Et Charles répond sur-le-champ:
« A Dieu mil gratias en rent,	« A Dieu mille grâces en rends,
Seyner, e li fac orason	Seigneur, et lui fais oraison
Que vos renda gran guisardon	Qu'il vous rende grand guerdon
De l'onor que vos mi fezest	De l'honneur que vous me fîtes

---

(1) *Tot cant obs m'era*, c'est exactement le latin *tot quantum opus mihi erat.*

Cant de la preyson mi traysest.	Quand de la prison me tirâtes.
— On anas vos, duc de Bayvier?	— Où allez-vous, duc de Bavière?
— Seyner, le sanz Payres l'autr'ier	— Seigneur, le saint Père l'autre hier
Mi mandet una gran honor :	Me manda un grand honneur :
Elech m'an a emperador.	Elu ils m'ont à empereur.
A Roma vac celadament	A Rome vais secrètement
Per fayre li lo sagrament. »	Pour lui faire mon serment. »

Les ermites de l'Argentière prédisent à Charlemagne tout ce qui doit lui arriver ; enfin l'empereur les recommande à Dieu et se remet en route avec sa suite, excepté Vésian son cousin, qui ne peut plus supporter les fatigues du voyage. Honorat prend en affection ce noble parent de Charlemagne ; et Vésian se plaît tellement dans la compagnie des saints, que l'empereur a toutes les peines du monde à le tirer ensuite de l'ermitage.

Ayzi diz l'estoria con Karlles maynes conquistet la Trapa.	Ici dit l'histoire comment Charlemagne conquesta la Trape.

A son retour de Rome, Charlemagne va d'abord assiéger la cité d'Arles. Là périt Vésian, traîtreusement occis par le méchant païen Allayron, prince de la Trape. Après que Charlemagne s'est emparé d'Arles, toute sa pensée et son confort, *tota sa pensa et son confort*, est de venger la mort de Vésian, le noble baron. Il mande ses armées : de Cologne jusqu'en Bavière, il n'y a duc, prince ou seigneur qui ne lui envoie des hommes. Cent mille combattants viennent ainsi au secours de l'empereur et environnent la Trape par terre et par mer.

Aqui viras barcas et naus,	Là verriez barques et nefs,
E d'albarestas mantas claus	Et d'arbalètes maintes clefs
E estreyner e deyssarrar,	Et serrer et desserrer,
E guerra per terra et per mar.	Et guerre par terre et par mer.
. . . .	. . . .
Mas anc non vist guerra tan fortz;	Mais onc ne *se* vit guerre si forte ;
Car le princes ambe sas gentz	Car le prince avec ses gens
Si defend afortidamentz.	Se défend valeureusement.

On donne l'assaut, Charlemagne, sa Joyeuse au poing, se rue sur la gent maudite : il fend les écus, rompt les hauberts, coupe les têtes, brise les bras; enfin il atteint le félon prince de la Trape, et « lui boute sa Joyeuse dans le corps » *Joyosa dintz lo cors li bota*.

Per l'autre renc s'en vay Turpins :	Par l'autre rang s'en va Turpin :
Denant si mena tal roesta,	Devant soi mène telle déroute,
Non i reman ni bratz ni testa.	Qu'il n'y reste ni bras ni tête.
Josta si a bona companyna :	A ses côtés *il* a bonne compagnie :
.V. centz cavalliers d'Alamayna,	Cinq cents chevaliers d'Allemagne,
Que van fasen mortall desrey,	Qui vont faisant mortel désarroi,
Non pausan tro que son al rey :	Ne s'arrêtent que n'aient rejoint le roi (1) :
Donan per pietz e per esquinas.	*Ils* donnent par poitrines et par échines (2).
Turpins lur cantava matinas;	Turpin leur chantait matines ;
.V. centz n'a mort abe sas jentz :	Cinq cents en a tués avec ses gens :
Non los confessa d'autramentz.	*Il* ne les confesse autrement.
Karlles e li vassayll de Crist	Charles et les vassaux du Christ
Auzisson la jent d'antecrist;	Occisent la gent d'antéchrist;
Meuan a fuec et a barey,	Mènent à feu et à dévastation,
Dedintz la Trapa fan tornoy.	Dedans la Trape font tournois (3).

---

(1) Mot à mot : « Ils ne pausent (ne cessent) jusqu'à ce qu'ils soient au roi, » jusqu'à ce qu'ils aient rejoint Charlemagne.
(2) Ils frappent par devant et par derrière.
(3) *Torney*, tournois, combat.

Payan fuion ves lo ribaje;	Païens fuient vers le rivage;
D'outra volon far lur passaje,	Outre veulent faire leur passage,
Ves miey jorn en l'iysla Auriana,	Vers le midi en l'île Auriane (1),
Car li guerra non lur es sana.	Car la guerre ne leur est saine.
Karlles los sec e syey nauchier :	Charles les suit et ses nochers :
Tres tiradas y a d'arquier.	Trois traits il y a d'archer (2).
Aqui venc le Daynes Augiers	Là vint le Danois Augier (3)
Abe do milia cavalliers.	Avec deux mille chevaliers.
Non n'escapa ni bratz ni testa;	Ne lui échappe ni bras ni tête;
Aqui lur fetz mala roesta.	Là leur fit vilaine déroute.
Donan per pletz e per esquina :	Ils frappent par devant et par derrière (4) :
Le sanc s'en vay per la marina	Le sang s'en va par la mer
Sus per las ondas; non s'estanca	Par dessus les ondes; il ne s'arrête
Per la playa tro Vilafranca.	A travers la plage qu'à Villefranche (5).
Cant Karlles ac pres la ciptat	Quand Charles eut pris la cité
E payan son desbaratat,	Et que païens sont déconfits,
A sant Honorat mantenent	A saint Honorat sur-le-champ
O manda, sus lo mont d'Argent;	Le mande, sur le mont d'Argent;
E requer las orations	Et requiert les oraisons
De si e de sons conpaynons.	De lui et de ses compagnons.
Li santz preguan a Ihesucrist	Les saints prient à Jésus-Christ
Que li don forza e conquist,	Qu'il lui donne force et victoire,
E que defenda crestians	Et qu'il défende les chrétiens
De Sarazins e de payans	De Sarrasins et de païens
Tos temps. Amen.	Tous temps. Amen.

Ayzi diz l'estoria con sanz Honoratz vi cazer la neu negra e si parti del mont d'Argentiera am los autres cor santz.	Ici dit l'histoire comment saint Honorat vit tomber la neige noire et se partit du mont d'Argentière avec les autres corps saints.

Après la prise de la Trape, Charlemagne récompense noblement ses hommes et va assiéger Narbonne, d'où il chasse l'hérésie. Saint Honorat, qui est resté sur le mont de l'Argentière avec ses compagnons, se lève un matin pour aller faire sa prière à la chapelle de saint Michel ; il voit dans le ciel une nuée immense et effrayante ; et puis de cette nuée il voit tomber de la neige noire : « plus noire n'est *la mûre* quand *elle* est à sa saison : »

Plus negra non es mora cant es assa sason.

Honorat court annoncer ce prodige aux autres saints, et tous se rendent à la chapelle pour prier Dieu de leur donner le sens de cette vision. Jésus-Christ se montre à eux, les rassure et leur dit que cette neige noire est la figure de l'hérésie de Mahomet de la Mecque, *de Bafumet de Meca*, qu'ils chassent par leurs prières. Il leur ordonne ensuite de quitter la montagne d'Argent et de descendre vers la mer, dans la plaine, où ils auront à réconforter grand nombre de chrétiens, *guanrren de crestians*.

De l'ermitaje parton li cor sant glorios,
E portan las reliquias e lo fust precios
De la veraysa crotz, a cuy merce requier :

---

(1) Le poëte nous apprend plus bas que les anciens appelaient ainsi l'île qui prit plus tard le nom de Saint-Honorat.

(2) *Tirada*, action de tirer, portée d'arc ou d'arbalète. Il résulte de cette circonstance et de tout ce passage que *la Trape* n'est autre chose que l'île Sainte-Marguerite. En effet, elle a l'île Saint-Honorat à son midi, et elle n'en est séparée que par un canal de 5 à 600 mètres.

(3) Le même que le fameux Ogier le Danois.

(4) Mot à mot : « Donnent par poitrine et par échine. »

(5) *Villefranche*, aujourd'hui *Cannes*, comme on le verra plus loin.

> Car per cert es ancara denfra lo monestier.
> Un dels clavellz de Crist n'an atressi portat
> E mot d'autras reliquias c'avian lonc temps guardat.
> Van s'en matin el' ser li sancta conpaynia,
> Per plans e per boscajes, lay on Dieus los envya.

— De l'ermitage partent les corps saints glorieux,
Et portent les reliques et le bois précieux
De la vraie croix, à qui merci requiers :
Car pour certain *elle* est encore dans le moustier.
Un des clous de Christ ont aussi emporté
Et moult d'autres reliques qu'*ils* avaient longtemps gardées.
S'en vont matin et le soir la sainte compagnie,
Par plaines et par bois, là où Dieu les envoie.

| Ayzi retray l'estoria lo miracle d'Annolin lo despoderat. | Ici retrait l'histoire le miracle d'Annolin l'infirme. |

> Ara retray l'estoria con à Frejurs avia
> Un evesque mot sant e de gran bonomia.
> Aquest avia un frayre malaute e enclin,
> Gibos, deffigurat, c'avia nom Annolin.
> Non li trobarias not entier tro las cavyllas.

— Maintenant retrait l'histoire comme à Fréjus y avait
Un évêque moult saint et de grande bonhomie.
Cettuy avait un frère malade et courbé [perclus],
Bossu, défiguré, qui avait nom Annolin.
Ne lui trouveriez nœud entier (1) jusqu'aux chevilles.

Le pauvre Annolin avait pris longtemps son mal en patience : c'est pourquoi le Saint Esprit lui avait révélé qu'il lui viendrait un hôte « qui le rendrait sain et quitte de toute maladie : »

> Quel' rendria san e quiti de tota malautia.

Annolin avait rapporté à son frère cette vision, et le priait souvent de voir sur les routes s'il n'y aurait pas quelque voyageur « ou nul pauvre pèlerin » *o nuyll paubre romieu*. Julien, c'est le nom du bon évêque, sort un jour au dehors de la ville ; il voit venir saint Caprasi avec ses compagnons, et les prie d'héberger la nuit dans sa maison : les saints personnages acceptent.

> Mot avia fort plogut e le freys era grantz.
> Ar' intran en l'ostal li sant benaurat.
> Annolins los receup de bon cor e de grat;
> E penset en son cor c'a un dels plus complitz
> Tocara son vestir, et pueys sera guaritz.

— Moult fort avait plu et le froid était grand.
A cette heure entrent en l'hôtel les saints bienheureux.
Annolin les reçut de bon cœur et de gré.
Et pensa en son cœur qu'à un des plus accomplis
Il touchera son vêtement (2), et puis sera guéri.

Les saints étaient mouillés : Annolin prie humblement saint Honorat de l'ôter du coin du feu pour que les autres puissent plus facilement sécher leurs habits. Honorat prend le malade pour le porter à son lit; mais à peine a-t-il touché le pauvre Annolin, que celui-ci se sent parfaitement guéri : il se jette aux pieds du saint, lui baise les mains et fait éclater sa reconnaissance à haute voix. Au bruit qu'il fait, les gens de la maison et tous les voisins accourent

---

(1) Nœud, c'est-à-dire articulation. Entier, *integer*, sain, en bon état.
(2) **Le vêtement du plus accompli des saints personnages.**

craignant que le malade ne soit assailli de son mal, qui le fait crier et se plaindre comme de coutume. Annolin leur raconte le miracle : toute la ville en est bientôt instruite ; les malades viennent de tous côtés pour toucher un de nos saints, et ils s'en retournent guéris.

    1. Santz Caprasis non vole suffrir aquel honor.
       Gran paor a d'ergueiyll, e d'uffana major :
       Tant era granz le votz c'avian en los cor sanz,
       C'un ser sonet Lyonz, Honorat e Venanz :
    5. Per una gran posterlla s'en son tut .V. enblat ;
       Tro sus en la montayna non si son restancat.
       Ar' s'en van ves levant li cor sant, per la maura,
       Inz per lo bosc salvaje; non temon freg ni aura.
       En la playa d'Aguase lo matin son vengut ;
  10. E preguan lhesucrist que per la sia vertut
       Lur done tal estaie on lo puescan servir,
       Car de deguna ren non an tan gran desir.
       Amtant vene una loba blanca am sons cadellz,
       E fay denant los sanz somostas et sembellz.
  15. Iyll si meton apres e li loba denant ;
       Menet los pres del mar a una balma grant,
       On eysortz una fontz de mot bona sabor :
       Balma de Bertolmieu l'apellan li plusor,
       Segon que m'an retrach las genz d'aquel repayre.

— 1. Saint Caprasi ne veut souffrir cet honneur.
    Grande peur a d'orgueil, et de vanité plus grande (1) :
    Tant était grande la foi qu'*ils* (2) avaient aux corps saints,
    Qu'un soir *il* appela Lions, Honorat et Venans :
5. Par une grande poterne se sont tous cinq dérobés ;
    Jusque sur la montagne ne se sont arrêtés.
    Alors s'en vont vers *le* levant les corps saints, par la maure (3),
    Dans *et* à travers le bois sauvage ; *ils* ne craignent froid ni bise.
    En la plage d'Agay (*n.* XV) le matin sont venus ;
10. Et prient Jésus-Christ que par la sienne vertu
    Il leur donne tel gîte où le puissent servir,
    Car d'aucune chose n'ont si grand désir.
    A l'instant vient une louve blanche avec ses petits (4),
    Et fait devant les saints démonstrations et parades (5).
15. Ils se mettent après et la louve devant ;
    Elle les mena près de la mer à une grande baume,
    Où sourd une fontaine de moult bonne saveur :
    Baume de Barthélemy l'appellent les plusieurs (6),
    Selon que m'ont rapporté les gens de ce pays (7).

Les saints trouvent ce lieu tout à fait convenable et s'y établissent. Peu de temps après, meurt Julien, évêque de Fréjus : chrétiens et hérétiques manichéens, *crestians e hereges manicheus*, se disputent l'élection de son successeur. Les chrétiens l'emportent : ils élisent saint Lions, qui d'abord refuse et se soumet enfin à la volonté de Dieu.

Un an après, vient à mourir l'archevêque de Vienne. Le clergé et les bourgeois s'assemblent dans l'église de saint Maurice et se mettent en oraison :

---

(1) Et de vanité, de présomption, plus encore.
(2) *Ils*, c'est-à-dire les habitants de Fréjus.
(3) La *maure*, les montagnes boisées de l'Esterel, ainsi désignées encore de nos jours. Ces montagnes renferment une population de bûcherons et de bergers, qui descendent, dit-on, des Maures ou Sarrasins.
(4) *Cadell*, du latin *catulus*. On dit aujourd'hui *cadéou*, mais seulement en parlant d'un tout jeune chien.
(5) Dans son *Lexique de la langue romane*, M. Raynouard traduit ainsi les deux mots *somostas* et *sembellz*. *Somostas* a plutôt ici le sens d'exhortations, invitations ; et *sembellz*, qui me paraît venir de *symbolum*, serait peut-être mieux rendu par le mot *signes*.
(6) La plupart des gens.
(7) Les gens de ce lieu. On y voit encore cette baume, elle est au nord de l'anse d'Agay.

une voix du ciel leur ordonne de choisir saint Magons. Des députés viennois se mettent en route sur-le-champ; ils arrivent à Fréjus : là l'évêque Lions leur indique la baume où ils trouveront leur nouvel archevêque. Magons refuse comme avait fait Lions :

> Hermitans suy, seynors; non vueyll portar corona.
> Ayci mi tenc paguatz de zo que Dieus mi dona.

— Hermite suis, seigneurs; ne veux porter couronne.
Ici me tiens payé de ce que Dieu me donne.

Mais Caprasi lui ordonne d'accepter « en droit d'obéissance » *en dreg d'obedienza* (n. XVI).

Il n'est plus resté dans l'ermitage que Caprasi, Honorat et Venans. Or celui-ci tombe malade et meurt; et saint Caprasi, vieux et cassé, va bientôt le rejoindre dans le paradis.

Ayzi diz con sanz Honorat fom portatz à l'isla del Lerins a las serpentz.

Ici dit comment saint Honorat fut porté à l'île de Lérins aux serpents.

Le pauvre Honorat se désole. Lui qui aurait pu jouir de tous les biens de ce monde dans le royaume de son père ou à la cour de l'empereur, d'Arnol de Lombardie, de Marsile ou d'Aygolant, ses oncles, voilà trente-deux ans qu'il vit de la vie d'ermite; et il se trouve maintenant seul, abandonné de tous dans ce lieu sauvage ! Que fera-t-il si Jésus-Christ ne vient à son aide ? « O mort ! s'écrie-t-il, où es-tu, où te trouverai-je ? »

Il descend vers la mer jusqu'à Agay.

> 4. Aqui fom une barca d'homes de fellonia,
> Plens de gran malvestat e de folla heregia.
> Cant an vist lo cor sant venir per lo sablon,
> Cascun met a son coll mantenent un baston;
> 5. E dison que aquest es de la conpaynia
> De Liontz de Frejus, que caza la heregia :
> « E non pausara mays tro que faza fenir
> Nostra ley. Ar' parra que miellz poyra ferir. »
> Van s'en ves lo cor sant, et layssan la marina,
> 10. E donan li grantz colps per pietz e per esquina.
> Can an batut lo sant li malvaytz dur e fort,
> Laysan lo el ribaje d'Aguases demyei mort;
> E l'uns si reguardet, vi lo sant bolleguar,
> Mes man a son coutell per la gola tayllar,
> 15. Que avia nom Lanbert, e dis li : « Atrasach
> Aquest nos fara pieys que Lyontz non a fach.
> Certas, ieu l'auziray, taillaray li la testa.
> Mays non aleguara encontra nostra jesta . »
> E Verans li respont en auta vouz : « Non sia.
> 20. Metam lo en la barca e tenguam dreyta via
> (Que li marina es ara suaus e plana)
> Portem l'a las serpentz de l'isla Auriana. »
> Ar' prennon lo cor sant, qui per pes qui per testa,
> A las serpentz de l'isla disou qu'en faran festa;
> 25. E devoraran lo, que jamays non n'estorza.
> En la barca l'an mes, e vogan a gran forza.
> Saber deves, seynors, que l'isla Auriana
> Nomavan li antic, que es suaus e plana,
> Lay on lo monestiers es aras el maraje.
> 30. Cant Karlles ac conquist la Trapa am son barnaje,
> On plus de trenta milia de la malvayza jent
> N'auzison crestian, adonx veraysament
> Iyssiron de las mauras e serpentz e dragons;
> E intran en las islas devorar los glotons.

85. E manjar la carnaja de las grantz mortaudatz
C'avia fach Karllemaynes, le noble appoestatz.
L'uns serpentz a nom *rin*, e l'autre a nom *lery*.
Sobre totas las autras volon aver enperi ;
Que venian da za outra cazar en ferma terra.
40. Si s'avissan un buau o una bestia fera,
Tiravan l'en las ysllas a forza e a poder.
Non y trobaras os del matin tro al ser.
Cant vesian venir barca pres d'aquel tenement,
Mantenent y corrian per devorar la jent.
45. Per zo fom appellada en l'islla de Lerins,
Car laynz si noyrian le *lerys* e le *rins*.

— 1. Là fut une barque d'hommes de félonie,
Pleins de grande méchanceté et de folle hérésie.
Quand *ils* ont vu le corps saint venir par le sable,
Chacun d'eux met à son cou sur-le-champ un bâton ;
5. Et disent que celui-ci est de la compagnie
De Lions de Fréjus qui chasse l'hérésie :
« Et ne cessera jamais jusqu'à ce qu'*il* fasse finir
Notre loi (1). Maintenant *il* paraîtra (2) qui mieux pourra frapper. »
Ils s'en vont vers le saint et quittent la mer,
10. Et lui donnent grands coups sur la poitrine et sur le dos.
Quand ont battu le saint, les méchants, dur et fort,
Ils le laissent sur le rivage d'Agay demi-mort ;
Et l'un d'eux regarda en arrière, vit le saint remuer,
Mit la main à son couteau pour lui couper la gorge,
15. Lequel avait nom Lambert, et lui dit : « Certainement
Celui-ci nous fera pis que Lions n'a fait.
Certes, je l'occirai, lui couperai la tête.
Plus il n'alléguera à l'encontre de notre geste [loi]. »
Et Véran lui répond à haute voix : « Non soit.
20. Mettons-le en la barque et tenons droite route
(Car la mer est maintenant calme et unie)
Portons-le aux serpents de l'île Auriane. »
Lors prennent le corps saint, qui par pieds qui par tête,
Aux serpents de l'île disent qu'*ils* en feront fête ;
25. Et le dévoreront que jamais n'en échappe.
En la barque l'ont mis et voguent à grand force.
Savoir devez, seigneurs, que l'île Auriane
Nommaient les anciens, laquelle est agréable et plane,
Là où le moustier est maintenant au bord de la mer.
30. Quand Charles eut conquis la Trape avec son barnage (3),
Où plus de trente mille de la mauvaise gent
En occirent les chrétiens, adonc vraiment
Issirent des maures et serpents et dragons ;
Et entrent en les îles dévorer les brigands (4),
35. Et manger le charnage des grandes tueries
Qu'avait faites Charlemagne, le noble apoesté (5).
L'un *des* serpents a nom *rin*, et l'autre a nom *léri*.
Sur tous les autres *ils* veulent avoir empire ;
Lesquels venaient deçà outre chasser en terre ferme.
40. S'*ils* avisent un bœuf ou une bête sauvage,
Le tiraient en les îles à force et à pouvoir.
Tu n'y trouveras os du matin jusqu'au soir.
Quand *ils* voyaient venir barque près de cet endroit,
Sur-le-champ y couraient pour dévorer la gent [les gens].
45. Pour ce en fut appelée l'île de Lérins,
Car léans se nourrissaient le *léri* et le *rin* (n. XVII).

Lambert et Véran abordent avec leur barque, déposent Honorat sur le ri-

---

(1) Qu'il mette fin à notre loi religieuse, à notre foi.
(2) On verra qui de nous deux saura le mieux frapper.
(3) Son baronnage.
(4) *Glotons*, pillards, voleurs, bandits, brigands.
(5) *Apoesté*, qui a le pouvoir souverain, *potestatem*.

vage de l'île; et, s'en éloignant aussitôt, « ils sifflent et crient fort afin de faire attrouper *le léri* et les serpents pour dévorer le saint. S'*ils* le voient occire rien *ils* ne désirent tant : »

> Siblan e cridan fort que fazan acampar
> Leri e las serpentz per devorar lo sant.
> Si lo veson aucire ren no desiran tant.

Quand Honorat voit venir à lui les serpents, il se désespère et se plaint à Jésus-Christ de ce qu'il a permis que des malfaiteurs l'aient porté dans cette île sauvage.

> Morir a mala mort e donar a serpentz,
> Totas son entorn luy que martellan las dentz ;
> Siblan tan fort e cridan que non es de pensar :
> Tant que li malfachor, qu'eran luega en lo mar,
> Can viron que las serps menavan tal desrey,
> De paor e d'esglay casegron el' navey.

> — Mourir à male mort et donner [être donné] aux serpents.
> Tous sont autour de lui qui martèlent leurs dents (1) ;
> *Ils* sifflent si fort et crient que *ce* n'est de penser (2) :
> Tellement que les malfaiteurs, qui étaient loin en la mer,
> Quand virent que les serpents menaient tel désarroi,
> De peur et d'épouvante tombèrent dans la barque.

Honorat cherche de toutes parts un refuge ; mais nul moyen d'échapper aux monstres : il se recommande donc à Jésus-Christ et se couvre la tête. Alors saint Caprasi et saint Venans lui apparaissent resplendissants d'une lumière divine. Venans lui reproche d'avoir douté des promesses de Dieu : ne sait-il pas qu'il est destiné à rehausser la sainte chrétienté et à détruire l'hérésie ? Pense-t-il que les décrets de l'*Omnipotent* ne s'accompliront point ?

> « Conforta ti, car frayre, car grantz bens deves far. »
> Honoratz lo preguava : « Seyner, non mi layssar !
> Car las malas serpentz mi manjaran en brieu,
> Seynors, adjudas mi per la merce de Dieu ! »

> — « Rassure-toi, cher frère, car grands biens *tu* dois faire. »
> Honorat le priait : « Seigneur, ne me laissez !
> Car les méchants serpents me mangeront bientôt.
> Seigneurs, secourez-moi par la merci de Dieu ! »

Les saints lui répondent qu'ils ne l'abandonneront jamais, ni lui ni ses compagnons qui viendront après lui dans cette île sainte pour y servir Dieu.

> 1. « Las serpentz els dragons auziras mantenent
> Am lo seynall de Crist : non n'aias espavent.
> Pueys netejaras l'islla de tot cell caytivier :
> A l'onor de san Peyre y faras monestier,
> 5. Que pregua Dieu per tu e per ta conpaynia.
> Mandament a de Dieu que per tostemps mays sya
> De l'islla del Lerins patrons e governayres,
> Et aia en sa guarda los rendutz e los frayres. »
> Honoratz lur respont : « Seynors, per cal conpayna
> 10. Pregua l'apostols Dieu ? Qu'en aquesta yslla estrayna,
> Zo podes ben vezer, non ay nuyll compaynon,
> Mas solamentz dragons que m'estan environ. »

> — 1. « Les serpents et les dragons occiras sur-le-champ
> Avec le signe de Christ [de la croix] ; n'en aie épouvante.
> Puis *tu* nettoieras l'île de toute cette ordure :

---

(1) Qui font claquer leurs dents, qui les frappent l'une contre l'autre.
(2) Qu'on ne saurait penser combien ils sifflent et crient fort.

A l'honnour de saint Pierre y feras un moustier,
5. Qui [lequel] S. Pierre] prie Dieu pour toi et pour ta compagnie.
Mandement *il* a de Dieu que par tous temps mais (1) *il* soit
De l'île de Lérins patron et gouverneur,
Et ait en sa garde les rendus (2) et les frères. »
Honorat leur répond : « Seigneurs, pour quelle compagnie
10. Prie l'apôtre Dieu ? Puisqu'en cette île étrange,
Ce pouvez bien voir, n'ai nul compagnon,
Mais seulement dragons qui me sont alentour. »

Les saints lui prédisent que ceux mêmes qui l'ont apporté dans leur barque deviendront ses compagnons et régiront après lui le monastère. Ils lui recommandent de faire creuser un puits entre les deux palmiers de l'île, et lui annoncent que l'eau douce sourdra du milieu de la pierre. Cela dit, les deux saints remontent au ciel.

| Ayzi diz con sanz Honorat auzis lo rin el' leri e las autras serpentz. | Ici dit comment saint Honorat occit le rin et le léri et les autres serpents. |

Honorat n'a plus peur des serpents qui l'entourent; il fait le signe de la croix et chacun d'eux s'étend roide mort.

   Ayzi las auzi totas sens lanza e sens escut,
   Am lo seynal de Crist et am la sia vertut ;
   E cant vi la sant yslla tan fort enverinada
   Del *leri* e del *rin* e de la cauraynada,
   Preguet a Ihesucrist a ginollz, humilment.

— Ainsi les occit tous sans lance et sans écu,
   Avec le signal de Christ et avec la sienne vertu ;
   Et quand *il* vit la sainte île si fort empoisonnée [empestée]
   Du *léri* et du *rin* et de la charogne,
   Il pria Jésus-Christ à genoux, humblement.

Il le prie de vouloir bien délivrer l'île de tous ces horribles cadavres.

   4. Amtant e li mar creys e passa lo ribaye,
   Comenza a cubrir l'islla e ostar lo carnaie.
   Ar' a sant Honoratz zo que a Dieu requier ;
   Vay s'en en miey de l'isslu e puaia en un palmier.
   5. E li mars a cubert l'islla de mantement,
   Que non i a layssat colobra ni serpent.
   Pueys s'en tornet li mars suau en son estaie,
   C'anc pueys non la passet plus que sol lo ribaie.

— 4. A l'instant et la mer croit et dépasse le rivage,
   Commence à couvrir l'île et ôter le carnage.
   Alors a saint Honorat ce qu'à Dieu *il* requiert ;
   Il s'en va au milieu de l'île et monte en [sur] un palmier.
   5. Et la mer a couvert l'île sur-le-champ,
   Si qu'*elle* n'y a laissé couleuvre ni serpent.
   Puis s'en retourna la mer tranquille en sa demeure,
   Que oncques depuis ne la dépassa plus que seulement le rivage.

Cependant Lambert et Véran ont vu de loin tous ces miracles : pleins de douleur et repentants, ils reviennent et s'humilient devant le saint. Honorat les embrasse et les bénit: les deux hérétiques convertis se font ermites avec lui (*n*. XVIII). Or,

---

(1) Qu'à tout jamais.
(2) Les frères convers, ceux qui étaient employés aux œuvres serviles du monastère.

Tres jortz avia conplitz co Honoratz non avia
Agut ni pan, ni vin, ni vianda que sia.
De pan e de peysson li autre li au dat :
Lo santz o beseni, ensemps si son disnat.

— Trois jours y avait complets qu'Honorat n'avait
Eu ni pain, ni vin, ni vivres que *ce* soit.
Du pain et du poisson les autres lui ont donné :
Le saint le bénit, ensemble ils ont diné.

Après quoi Lambert et Véran remontent dans leur barque et vont chercher à la baume d'Agay, pour les apporter à Lérins, le corps de saint Caprasi, de saint Venans, le bois de la vraie croix et toutes les saintes reliques.

Ayzi diz l'estoria con Karlle-maynes conquistet Narbona per las preguieras dels santz.

Ici dit l'histoire comment Charlemagne conquesta Narbonne par les prières des saints.

Charlemagne assiége Narbonne, et malgré les forces que lui ont amenées maints rois, maints comtes et maints barons, entre autre Estouz, comte de Flandres; le comte Odon; Gandalbueys, roi de Frise; Arestan de Bretagne, Raynaut de Bellande et Arnaut d'Allemagne, l'empereur ne peut parvenir à s'emparer de la ville; car les païens qui sont dedans se défendent fort.

Saint Magons de Vienne et l'archevêque Turpin, ambassadeurs d'aucunes grandes cités, viennent à l'ost pour parler à l'empereur. Charlemagne les reçoit à grand honneur et demande à Magons des nouvelles de Caprasi, d'Honorat et de Venans : il rappelle que saint Honorat l'a tiré de la prison d'Aygolant, « et je sais bien, dit-il, que s'il se fût trouvé ici, il aurait pris la cité que j'ai tant assiégée »

E say ben que s'ell fos en aquest encontrada,
Pres agra la ciptat que tant ay assejada.

Magons le remercie, et lui dit qu'il n'a pas vu ses compagnons depuis un an, qu'il vient comme ambassadeur pour traiter de la paix; mais qu'au partir de sa noble cour, il ira visiter les saints.

4. « E s'aves bona fe el santz benauratz,
Deman ad aquest' hora si penrra la ciptatz. »
Karlles ac mot gran gauch, car desesperatz s'era
De penrre la ciptat, tant era li jent fera;
5. E creset saut Magonz. L'endeman mantenent
Desplegua l'auriflama e fay armar sa jent;
Pueys lur donet bataylla. A l'hora d'aquel jorn,
Feitz tan gran terra tremol, quel' bari tot entorn
Son casuch; el' ciptatz es mantenent conquisa.

— 1. « Et si avez bonne foi aux saints bienheureux,
Demain à cette heure-ci se prendra la cité. »
Charles eut moult grande joie, car *il* avait désespéré
De prendre la cité, tant la gent était farouche;
5. Et crut saint Magons. L'endemain sur-le-champ
Il déploie l'oriflamme et fait armer sa gent;
Puis leur donna bataille. A l'heure de ce jour,
Fit si grand tremblement de terre, que les murs tout autour
Sont tombés; et la cité est sur-le-champ conquise.

Charlemagne qui a vu le miracle et le pouvoir des saints, prie Magons de se charger d'une lettre qu'il écrit de sa main à saint Honorat, et Magons se met en route pour la Provence.

| Ayzi diz l'estoria con sanz Magonz guari Mayme de Reges, qu' era despoderaz. | Ici dit l'histoire comment saint Magons guérit Mayme de Riez, qui était infirme. |

Saint Magons, en passant à Riez, est reçu dans le castel d'un noble homme nommé Augier, qui avait un fils depuis longtemps infirme. On parle le soir, à la veillée, des grands miracles que font les saints d'Agay.

    1. Cant o autz le malautes, comenzet a preguar,
       Per Ihesucrist, son payre quell fezessa portar
       Al santz en l'ermitage; car sens tota doptanza
       Tantost sera guaritz, tant y a d'esperanza.
    5. N Augiers (1) li respondet per ren non o faryu :
       Mot li avia costat, ja plus non y metria.
       « Dos jornadas a ben d'aqui a l'ermitaje.
       Enuiatz nos a totz e mi e mon lynaje. »
       Santz Magonz diys a Mayme con es tan desirantz
  10. D'annar a l'ermitaje per veser los cors santz.
       — « Seyner, car suy malautes, doloyros e marritz.
       Tan tost con mi veyran li sant, seray guaritz;
       O, s'a Ihesucrist play, morray de mantenent.
       Tres antz ay enuiat mon payre e ma jent. »
  15. Santz Magontz li respont : « S'en las orations
       Del baron sant Caprasi e de mons compaynons
       As fe et esperanza, cell Dieus ti don sandat
       Que regiya paradis en vera majestat. »

— 1. Quand entend cela le malade, commença à prier,
       Par Jésus-Christ, son père qu'*il* le fît porter
       Aux saints en l'ermitage; car sans aucun doute
       Aussitôt *il* sera guéri, tant y a d'espérance (2).
    5. Augier lui répondit *que* pour rien ne le ferait :
       Moult lui avait coûté, jà davantage n'y mettrait (3).
       « Deux journées y a bien d'ici à l'ermitage.
       Ennuyés nous a tous et moi et mon lignage. »
       Saint Magons dit à Mayme comment est si désireux (4)
  10. D'aller à l'ermitage pour voir les corps saints.
       — « Seigneur, parce que suis malade, souffrant (5) et mal-en-point.
       Aussitôt que me verront les saints, serai guéri ;
       Ou, si à Jésus-Christ plait, *je* mourrai sur-le-champ.
       Trois ans ai ennuyé mon père et ma famille. »
  15. Saint Magons lui répond : « Si aux oraisons
       Du baron saint Caprasi et de mes compagnons
       As foi et espérance, ce Dieu te donne la santé
       Qui régit le paradis en vraie majesté. »

A l'instant même le malade se sent guéri et parfaitement valide de son corps, de ses pieds et de ses mains. Magons l'emmène avec lui (n. XIX); ils sont reçus à Fréjus par l'évêque saint Lions, qui les accompagne à Agay.

    1. Cant vengron a la balma, anc ren non y troberon,
       Mas l'autar solameutz : mot s'en meraviylleron.
       Santz Magontz l'arcivesques sospirava e playnia :
       « Las! c'a mal as gardat ta cara compaynia,

---

(1) On trouve fréquemment la lettre *n* ou la syllabe *en* devant les noms propres d'hommes, et *na* devant ceux de femmes. C'est probablement l'abréviation des mots *don, donna*, ou peut-être *noble, nobla*, qui, souvent répétée dans l'écriture, avait fini par passer dans la langue parlée.
(2) Tant il met d'espoir en cela.
(3) N'y dépenserait.
(4) S. Magons demande à Mayme pourquoi il est si désireux, etc.
(5) *Doloyros*, dit le texte ; c'est-à-dire accablé de douleurs. Notre mot *douloureux* y répondrait parfaitement, s'il pouvait se dire des personnes.

5. Caprasi, mon car payre, Honorat e Venantz!
Noyritz t'eras ab ellz ben a passat XXX antz.
Pos que fust arcivesques, d'ellz non as agut cura.
De fam e de desayzes son mort per aventura.
De tu pot hom ben dire : Cell que fay bona vida,
10. Pueys que a tot son plen, payre e mayre eysoblida.
Cant ti demandara Ihesucrist le cars payres :
Magonz, on as estat ? Que as fach de tons frayres ?
E tu non ausaras reguardar contr'al cel.
Aytal compte rendras con fetz Cayms d'Abell ;
15. Don auras guisardon al jorn del jujament.
Las! caytiu, que faras ! Per lo mieu encient
Serpenz los an manjatz. » . . . .
. . . .
« Seyner, zo diz Lyontz, non sias consiros.
Mot en ay mays de tort, pert cert, non aves, vos :
20. Car era ayci plus pres ; non los ay vezitatz.
De vos e de totz autres en deg esser reptatz.
Seyner, per aventura li sant si son mudat,
O fach alcun viaje que Dieus lur a mandat. »
Ara s'en van querent los santz per lo boscaje,
25. A traves, enant ; tot lo jorn van arraje,
Per veser si troberan ni pesada ni tast
De nuylla creatura que passes per lo guast.
Pueian en la montayna c'appelan Estelell,
Que anc non atroberon ni bestia ni aucell.
30. Clama si santz Magonz, doloyros et enclins.
Reguardan ves la mar en l'ysla del Leryns :
Viron una colonna de fuec que contenia
L'isla de cap en outra ; tro al cel s'estendia.

— 1. Quand vinrent à la baume, oncques rien n'y trouvèrent,
Mais l'autel seulement : moult s'en émerveillèrent.
Saint Magons l'archevêque soupirait et plaignait :
« Las ! que mal as gardé ta chère compagnie,
5. Caprasi, mon cher père, Honorat et Venans !
Nourri t'étais avec eux bien a passé trente ans.
Après que fus archevêque, d'eux tu n'as eu cure.
De faim et de besoins ils sont morts peut-être.
De toi peut-on bien dire : Celui qui fait bonne vie,
10. Dès qu'il a tout son saoul, père et mère oublie.
Quand te demandera Jésus-Christ, le cher père :
Magons, où as été ? Qu'as-tu fait de tes frères ?
Et toi tu n'oseras regarder vers le ciel.
Tel compte tu rendras que fît Caïn d'Abel ;
15. Dont tu auras guerdon au jour du jugement.
Las ! chétif, que feras ? Par mon escient
Serpents les ont mangés. » . . . .
. . . .
« Seigneur, ce dit Lions, ne soyez tourmenté.
Moult en ai plus de tort, pour certes, que n'en avez, vous :
20. Car j'étais ici plus près ; ne les ai visités.
De vous et de tous autres en dois être blâmé.
Seigneur, peut-être les saints se sont déplacés,
Ou fait quelque voyage que Dieu leur a commandé. »
Alors s'en vont cherchant les saints par le bocage,
25. A travers, en avant ; tout le jour ils vont au hasard,
Pour voir s'ils trouveront ni vestige ni trace
De nulle créature qui passât par le désert.
Ils montent en la montagne qu'on appelle Esterel,
Que onc ne trouvèrent ni bête ni oiseau.
30. Saint Magons se plaint, accablé de douleur et courbé.
Ils regardent vers la mer en l'île de Lérins :
Ils virent une colonne de feu qui enveloppait
L'île de cap en outre (1) ; jusqu'au ciel elle s'étendait.

---

(1) C'est-à-dire d'une extrémité à l'autre. *Cap* : tête, commencement, bout, sommet, etc.

Plus de doute, c'est là que sont leurs amis. Ils descendent précipitamment de l'Esterel, trouvent sur le rivage deux pêcheurs avec leurs barques, et se font porter à l'île de Lérins. En approchant ils voient de loin saint Honorat; et dans leur impatience, ils sautent de leur barque et marchent sur la mer. Honorat les embrasse, leur baise les yeux, et leur raconte tout ce qui lui est arrivé. Magons le salue de la part de l'empereur et lui remet les lettres de ce prince.

Ayzo son las letras que Karlle maynes trames as sant Honorat.	Ceci sont les lettres que Charlemagne transmit à saint Honorat.
Al sant home benaurat, A mon seynor sant Honorat; Da part Karlle mayne lo rey, Campion de la sancta ley : Salutz e amors plus de cent, E gracia de Dieu majorment. Car seyner, mot suy desyros De servir e de veser vos E vostra cara conpaynia, A cuy Dieus don tot ben que sya. Pueys que vos vi el mont d'Argent, Can anniey far lo sagrament, Ay manta terra conquistat, Mant palays e manta ciptat.	Au saint homme bienheureux, A mon seigneur saint Honorat; De part Charlemagne le roi, Champion de la sainte loi : Salutz et amitiés plus de cent, Et grâce de Dieu encore plus. Cher seigneur, moult suis désireux De servir et de voir vous Et votre chère compagnie, A qui Dieu donne tout bien qui soit. Depuis que vous vis au mont d'Argent, Quand j'allai faire mon serment, J'ai mainte terre conquesté, Maints palais et mainte cité.

Il lui raconte tout ce qu'il a fait, et attribue son succès aux prières de saint Honorat et de ses compagnons. Que Dieu les récompense !

Car ieu vos en ay pauc rendut. Mas si Dieus mi dona salut, Car seyner, e perdonas mi, En breu vos trametray Turpi ; E dara vos de mons joyells : Ciptatz e vilas e casteilz. Per zo que plus conplidament Vos e tota li vostra jent Puescas servir Nostre Seynor, E preguar per l'emperador.	Car moi vous en ai peu rendu. Mais si Dieu me donne salut, Cher seigneur, et me pardonnez, Bientôt vous enverrai Turpin ; Et *il* vous donnera de mes joyaux : Cités et villes et castels. Pour ce que plus parfaitement Vous et toute votre gent Puissiez servir Notre Seigneur, Et prier pour l'empereur.

Cependant à peine saint Honorat avait pris possession de l'île, que lui et ses premiers compagnons se sont mis à l'œuvre pour bâtir un monastère. C'est Jésus-Christ lui-même qui en a donné le plan : aussi n'y en a-t-il point au monde qui ait autant de reliques (n. XX), et où l'on observe mieux la règle. La réputation des saints religieux s'étend bientôt partout, «depuis le royaume d'Angleterre jusqu'en Orient.»

Del regne d'Englaterra tro intz en Orient.

Les nouveaux religieux adoptent la règle de saint Benoît, et ils donnent mission à saint Aygol et à saint Héloy d'aller la chercher au mont Cassin.

Sur ces entrefaites arrive Turpin, porteur des donations de Charlemagne. Le généreux empereur octroie au monastère de Lérins tout le pays compris entre les Alpes, la Durance, le Rhône et la mer.

| Ayzi diz con le papa Eugenis veno vesitar l'islla els sanz del monestier. | Ici dit comment le pape Eugène vint visiter l'île et les saints du moustier. |

On parle tant du monastère de Lérins et des grands miracles d'Honorat et de ses compagnons, que le pape saint Eugène le Bon (*n.* XXI) veut s'assurer par lui-même de la vérité.

> Le santz Payres cavalca e ven s'en dreg camin
> Per la plana Toscana : passat a Florentin,
> Luca, Prat, e Pistoia, e Genoa la bella.

— Le saint Père chevauche et s'en vient droit chemin
Par la plane Toscane : il a passé *le* Florentin,
Lucques, Prato et Pistoie, et Gênes la belle.

« Il voulait entrer pieds nus dans cette ile sainte qu'il venait visiter »

> Descaut volia intrar
> En aquesta sant islla que venia vesitar.

Mais Honorat et ses compagnons vont le recevoir en grande procession. Le saint Père canonise saint Caprasi et saint Venans, confirme la règle, ordonne prêtre saint Honorat,

> Et a mes en la guarda et en protection
> De la gleysa de Roma, per especial don,
> L'islla el' monestier tot perpetualment;
> E donet lo perdon que ausires breument.

— Et a mis en la garde et en protection
De l'Eglise de Rome, par spécial don,
L'île et le moustier tout perpétuellement;
Et donna le pardon que oirez brièvement.

| Ayzi es le perdons que li sancta gleiza de Roma donnet al monestier. | Ici est le pardon que la sainte Église de Rome donna au moustier. |

> 1. Trastut cilyll que seran en vera penedenza
>   E vesitaran l'islla cant le perdons comenza,
>   Pueys qu'intra la vigila d'enant l'Ascension
>   Tro al luns de Pandecosta, per bon entention,
> 5. Aian aquel perdon que an tut li romieu
>   Que passan outra mar a la honor de Dieu.
>   En apres, tut aquill que set antz totz conplitz
>   Faran lo romaraje (1), can los auran fenitz,
>   Sian quiti e assout, des aquell' hora enant,
> 10. De totas penedentias que avian en comant :
>   (Salv vot de matremoni, ni qui sas mans metria
>   Contra payre ni mayre ni home de clerzia).
>   E que lur sia donada li palma, de bon grat,
>   Pueys c'ant conplit lo vot c'avian acomenzat,
> 15. En signe de victoria e d'absolution
>   De trastotz los peccatz c'au pres confession.

— 1. Trétous ceux qui seront en vraie pénitence
Et visiteront l'île quand le pardon commence,

---

(1) *Romaraje* ou *romavaje*, pèlerinage des *romieus*. Ce mot s'est dit ensuite de la fête patronale d'un lieu, parce qu'on se rendait en pèlerinage à l'église ou à la chapelle du saint dont on célébrait la fête. C'est uniquement dans ce dernier sens qu'il s'emploie aujourd'hui.

Depuis qu'entre (1) la vigile d'avant l'Ascencion
Jusqu'au lundi de Pentecôte, par bonne intention (2),
5. *Qu'ils* aient ce pardon qu'ont tous les pèlerins
Qui passent outre mer en l'honneur de Dieu.
En après [en outre], tous ceux qui sept ans tout entiers
Feront le pèlerinage (3), quand les auront finis,
Soient quittes et absous, dès cette heure en avant,
10. De toutes pénitences qu'*ils* avaient en commandement (4) :
(Sauf la foi de mariage, ni qui ses mains mettrait
Contre [sur] père ou mère ou homme de clergie).
Et que leur soit donnée la palme, de bon gré.
Après qu'*ils* ont accompli le vœu qu'*ils* avaient commencé,
15. En signe de victoire et d'absolution
De tous les péchés dont ont pris [ont fait] confession.

L'*apostole* accorde plusieurs autres pardons, auxquels dans la suite les papes en ajoutèrent encore, avec force indulgences et grandes rémissions.

Ayzi diz la penetentia que fasia sant Honorat, e con trays l'aygua de la peyra inz el poutz de l'islla.

Ici dit la pénitence que faisait saint Honorat, et comment il tira l'eau de la pierre dans le puits de l'île.

Le poëte expose le genre de vie de saint Honorat, l'emploi de son temps et la manière dont il gouverne l'abbaye : il nous apprend ensuite que voulant donner plus de temps à la prière et aux œuvres de pénitence, le saint abbé remit ses pouvoirs à saint Véran, qui était homme de grande prévoyance.

Cependant la communauté manquait d'eau douce : l'île n'en fournissait pas. Les frères s'adressent à saint Honorat, qui leur dit de creuser entre les deux palmiers ; ils creusent jusqu'au rocher sans trouver de l'eau ni la moindre humidité. Désappointés, ils retournent auprès du saint, qui leur dit encore : « Creusez le rocher lui-même : c'est de là que Dieu fera sourdre l'eau que vous demandez. » Les moines se remettent à l'œuvre ; mais vainement encore. Ils reviennent au saint et lui proposent de creuser sur un autre point de l'île : Honorat persiste, car le lieu où se fait le travail est celui que lui avaient indiqué saint Venans et saint Caprasi ; il va lui-même à la fosse.

1. Cant fom intratz dedintz, vay penrre lo maguayll,
Tres colps feri la peyra ; pregua la Trenitat :
« Verays Dieus glorios, qu'en vera majestat
Yest tostemps es seras, que a l'architichclin,
5. Cant mostriest tons miracles, fezist de l'aygua vin,
E volguist bezenir l'aygua del flum Jordan,
On ti vay batejar santz Johanz de sa man ;
C'al pobol d'Israël doniest a gran viutat
Aygua dedintz la peyra ; Seyner, per ta bontat,
10. Tu la don a nos autres. » Amtant s'en ieys la doutz.
E qui non m'en creyra vagua vezer lo poutz.

— 1. Quand fut entré dedans, il va prendre la pioche
Trois coups frappe la pierre ; *et* prie la Trinité :
« Vrai Dieu glorieux, qui en vraie majesté
Fus tout temps et seras, qui pour l'architriclin (5),
5. Quand *tu* montras tes miracles, fis de l'eau vin,
Et voulus bénir l'eau du fleuve Jourdain,

---

(1) Que s'ouvre, que commence la vigile.
(2) Avec bonne intention, dans de bons sentiments.
(3) Le pèlerinage de l'île.
(4) Qui leur avaient été imposées.
(5) Aux noces de Cana.

Où te va baptiser saint Jean de sa main ;
Qui au peuple d'Israël donnas à grande abondance
Eau de dedans la pierre; Seigneur, par ta bonté,
10. Donne-la à nous autres. » A l'instant jaillit la source.
Et qui ne me croira aille voir le puits (n. XXII).

Ayzi diz con Vezians qu' era mortz en Aliscamps aparec a sant Honorat, e del diable de la Trueylla d'Arlle.	Ici dit comment Vésian, qui était mort en Aliscamps apparaît à saint Honorat, et du diable de la Trueylla d'Arles.

Un jour que saint Honorat était en oraison, Vésian, qui au siége d'Arles avait péri victime de la trahison du prince de la Trape, et dont le corps avait été enseveli au cimetière d'Aliscamps (1), lui apparaît et le requiert humblement de prier pour lui, car il n'a point de repos. Honorat touché de pitié se décide à partir pour Arles et emmène avec lui saint Nazaire. En approchant de la ville les deux voyageurs aperçoivent sur un point élevé qu'on appelle *la Truyella* un Sarrasin énorme et de sinistre figure, qui de sa droite étendait un glaive et « de sa bouche jetait serpents, qu'il semait par toute la cité »

> Per la gola gittava
> Serpentz, que semenava
> Per tota la ciptat.

Les deux saints ébahis cherchent la raison de cette vision ; mais à leur entrée dans la ville, ils entendent de grandes clameurs et marchent à travers les morts et les blessés. On leur dit que les *chrétiens* et les *hérétiques* en sont aux mains pour l'élection d'un nouvel archevêque : ils se rendent à l'église de S. Trophime, où s'étaient réfugiés tous ceux qui n'étaient pas à la bataille ; et après qu'ils ont fait leur prière, Honorat s'avance et demande que chacun l'écoute.

Ayzi diz con sant Honorat amonesta los barons d'Arlle, e del miracle d'Aliscamps.	Ici dit comment saint Honorat admoneste les barons d'Arles, et du miracle d'Aliscamps.

C'est une bien grande douleur pour lui de voir que les honorables chevaliers et bourgeois d'une aussi noble cité se fassent entre eux la guerre. Et quelle est la source de tant de haines? l'envie : l'envie, péché qui plaît au diable. Par l'envie il fit la conquête d'Adam au paradis :

E el l'a comenzada; Mas pueys l'a semenada Antre l'uman liynaje. Mant luec e mant estaje Per enveia breument Venon a perdement.	Et lui l'a commencée; Mais puis *il* l'a semée Entre l'humain lignage. Maints lieux et maints établissements Par envie brièvement Viennent à perdition.

C'est une bien triste folie que la ville d'Arles, capitale de la Provence, marche ainsi à sa ruine. Selon ce qu'il a appris, ce sont quelques-uns de la cité qui, au sujet de l'élection d'un prélat, ont excité ces troubles. Ce n'est pas ainsi que doivent se faire de telles élections.

---

(1) Aliscampo, *Elysii campi*, cimetière d'Arles.

Antre vos aias patz; E pueyssaz, si a Dieu platz, Cant seres acordat Et aures caritat, Am gaug et am baudor Eleges lo meyllor.	Entre vous ayez paix; Et puis, si à Dieu plaît, Quand serez accordés Et aurez charité, Avec joie et avec allégresse Elisez le meilleur.

Le peuple a écouté favorablement ces paroles pleines de raison. On voit alors s'élever d'au-dessus de la *Truyella* une nuée tellement obscure, que tous les spectateurs en sont épouvantés. Ils se jettent aux pieds du saint et se prennent à crier : « Seigneur saint Honorat, priez pour la cité ! » Tous font l'oraison avec lui : le saint les bénit, la nuée se dissipe, et les manichéens eux-mêmes le supplient de pacifier la ville, promettant de faire tout ce qu'il ordonnera. Le saint homme les engage à abandonner l'hérésie : on fait la paix ; tous se rendent au cimetière d'Aliscamps ; et Honorat y dit la messe sur le tombeau de Vésian.

Cant li messa fenis E sant Honorat dis : « L'arma de Vezian, Lo fizell crestian, E li conpaynon sieu Que moriron per Dieu, Aian vida eterna E pausa sempiterna. » Tut li mort mantenen Cridan : « Amen, amen ! »	Quand la messe finit Et saint Honorat dit : « L'âme de Vésian, Le fidèle chrétien, Et les compagnons siens Qui moururent pour Dieu, Aient vie éternelle Et repos perpétuel. » Tous les morts à l'instant Crient : « Amen, amen ! »

Les consuls, le clergé et les bourgeois d'Arles choisissent à l'unanimité Honorat pour leur archevêque. Un des plus honorables d'entre eux lui annonce cette décision, et

Ar' cridan li enfant, Li petit e li grant, E tota la ciptatz : « Viva sant Honoratz ! »	Alors crient les enfants, Les petits et les grands, Et toute la cité : « Vive saint Honorat ! »

Ayzi diz con sant Honoratz non volia penrre l'election de l'arcivescat d'Arlle.	Ici dit comment saint Honorat ne voulait prendre (accepter) l'élection de l'archevêché d'Arles.

Honorat refuse et expose ses raisons. On ne l'écoute pas ; on le prend, on l'emporte à l'archevêché, on le place sur le siége archiépiscopal. Rien n'y fait : il résiste aux prières comme à toutes les bonnes raisons qu'on lui donne. Trois saints prélats qui ce jour même sont arrivés à Arles : Fabien, évêque d'Orange ; Flavis, de Narbonne ; et Privat, archevêque d'Aix, viennent au nom de toute la ville le supplier de consentir à son élection. Elle mettra fin aux luttes sanglantes de la cité, et c'est vraiment Dieu qui l'a conduit à Arles.

« Mas anc tan mortal guerra Non ac en esta terra, Si non prenes l'onor. Vers es que li plusor Coutellz an pres e brantz, Don plus de mil enfantz E femnas maridadas Seran desconsoladas. E sens confession, Cavallier e baron Son mort plus de dozentz, Estier las autras jentz. Perque us pregan per Dieu,	« Mais onc si mortelle guerre Ne fut en cette terre, Si n'acceptez la dignité. Vrai est que la plupart Couteaux ont pris et épées, Dont plus de mille enfants Et femmes mariées Seront désespérées. Et sans confession, Chevaliers et barons Sont morts plus de deux cents, Outre les autres gens. Par quoi vous prient pour Dieu,

Clergue e manichieu,	Clercs et manichéens,
Que vuyllas de bon grat	Que veuilliez de bon gré
Penrre l'arcivescat.	Prendre l'archevêché.
E nos veraysamentz	Et nous véritablement
O preguam humilmentz. »	Le prions humblement (1). »

Honorat résiste même aux supplications des trois prélats : il veut retourner à son abbaye ; chevaliers et bourgeois prennent alors le parti de le retenir de force. Le saint en éprouve un tel chagrin, une si vive émotion, qu'il tombe gravement malade. Trois jours durant il reste comme privé de vie : c'est que pendant ce temps son esprit a été porté devant le souverain trône de Jésus-Christ. Saint Pierre, saint Caprasi et saint Venans le réprimandent fortement de refuser l'archevêché d'Arles, et le Juge suprême ordonne « que sur-le-champ l'esprit s'en retourne au corps, et qu'il prenne le fardeau qui lui est imposé. »

> Que l'esperitz al cors tornon de mantenent,
> E que prengua lo fays que li es comandatz.

Cependant Nazaire, croyant saint Honorat mort, avait déjà fait apporter des cierges et un suaire. Mais au retour de l'esprit, le corps fait un léger mouvement : Honorat ouvre enfin les yeux ; il a de la peine à se remettre « de la peur qu'il a eue sus en le firmament »

> De la paor que ac sus en lo fermament.

La joie est grande dans toute la cité lorsqu'on apprend que saint Honorat est revenu à la vie et qu'il consent enfin à son élection. Le nouvel archevêque exerce humblement et saintement son ministère : il convertit un grand nombre d'hérétiques, et donne à toutes ses ouailles le plus parfait exemple de la piété et de la charité chrétienne.

Ayzi diz con lhesucrist li apparec en forma d'un malaute.	Ici dit comment Jésus-Christ lui apparut sous la forme d'un malade.

Un jour que le saint archevêque avait distribué toutes ses provisions aux pauvres, il se présenta un plus grand nombre de malheureux, parmi lesquels s'en trouvait un qui était couvert d'une lèpre hideuse.

> 1. De las mans e dels pes mant detz li son cassug :
> Per la gran malautia lo refuidavan tug.
> Cant lo vi l'arcivesques tant n'ac de pietat,
> Que la cara el' menton els huellz li a baysat.
> 5. Preguava li per Dieu preses en pacientia.
> Lo mal c'avia tan gran en sancta penedencia
> A lo pres per la man, al palays l'a menat,
> En la cambra l'a mes, en son liech l'a colcat ;
> Appareyllar li fay que poguessa manjar,
> 10. Et aprez d'aygua cauda las mans li vol lavar.

> — 1. Des mains et des pieds maints doigts lui sont tombés :
> A cause de la [sa] grande maladie tous le fuyaient.
> Quand le vit l'archevêque tant en eut de pitié,
> Que le visage et le menton et les yeux lui a baisés.
> 5. Il le priait pour Dieu qu'il prît en patience
> Le mal qu'il avait si grand en sainte pénitence.
> Il l'a pris par la main, au palais l'a mené,
> En la chambre l'a mis, en son lit l'a couché ;

---

(1) Vous en prions, vous le demandons humblement.

Apprêter lui fait *de* quoi puisse manger,
10. Et ensuite d'eau chaude les mains lui veut laver.

Mais alors la tête du lépreux resplendit d'une vive lumière plus éclatante que celle du soleil, et sa figure devient plus belle que celle d'un ange : Honorat reconnait le Seigneur ; il tombe à ses pieds et l'adore. Jésus-Christ lui annonce que l'hérésie relève la tête et qu'elle cherche les moyens de le chasser de son archevêché ; mais il le rassure et lui promet qu'il ne cessera pas d'être avec lui, jusqu'au moment où il lui donnera les joies du paradis.

Les hérétiques en effet et leur chef Sévi, consul de la cité, accusent faussement l'archevêque auprès de Girart de Vienne, seigneur suzerain de la ville d'Arles, et ils lui font croire qu'Honorat tient des discours qui tendent à détruire son autorité et à exciter des séditions dans la ville.

Girart envoie sur-le-champ à Arles Guarin, son sénéchal, et des chevaliers avec lui. Les honnêtes gens de la ville ont beau protester ; les hérétiques, soutenus par les hommes de Guarin, l'emportent sur eux : Honorat est forcé de quitter son archevêché : suivi du clergé presque tout entier, il retourne à Lérins, où il est reçu à grande joie par les Frères.

Ayzi diz con Loys, reys de Franza, deseretet Girart de Vienna e li tolc sa terra.	Ici dit comment Louis, roi de France, déshérita Girart de Vienne et lui enleva sa terre.

Louis, roi de France, a convoqué à Paris barons et chevaliers : Guérin, duc de Lorraine, le comte Hengelier et Bérenguier, comte de Bretagne, se sont rendus à son appel. Dix mille vassaux sont venus avec eux.

4. Le reys lur a comptat que Girartz li fay guerra;
   Partitz s'es de Vienna per afugar sa terra.
   Vol aver lur conseyll, consi si defendria
   De Girart de Vienna, qu'encontra lui venia.
5. Le conseyls respondet, e tut li doze par,
   Al rey, que l'auriflama fezessa desplegar;
   Vagua s'en a Girart am sa cavalaria,
   Pena meta del cors a cel que remanrria.
   Zo fcm al temps de may que verdian las vallz.
10. Le reys ac en conpayna trenta milia vassalz.
    Van s'en contra Girart, que troba en la campayna;
    E guasta borcx et vilas, e menava gran layna.

—4. Le roi leur a conté que Girart lui fait guerre;
    Parti *il* est de Vienne pour incendier sa terre.
    Il veut avoir leur conseil, comment *il* se défendrait
    De Girart de Vienne, qui contre lui venait.
5. Le conseil répondit, et tous les douze pairs,
   Au roi, que l'oriflamme *il* fasse déployer;
   Qu'*il* s'en aille à Girart avec sa cavalerie,
   Et mette peine de corps pour celui qui resterait (1).
   Ce fut au temps de mai que verdoient les vallées.
10. Le roi eut en compagnie trente mille vassaux.
    Ils s'en vont contre Girart, qu'*il* trouve en la campagne;
    Et *qui* gâte bourgs et villes, et menait grande affliction (2).

La bataille s'engage : Girart vaincu prend la fuite; mais le roi lui enlève ses trésors et sa terre. Ainsi fut puni de son orgueil et de ses péchés mortels cet homme qui avait fait chasser Honorat de son archevêché. Quant à la ville d'Arles, elle ne fut pas moins châtiée : la peste, la famine et de cruelles guerres avec les puissants seigneurs de Narbonne, de Marseille et de Riez, déso-

---

(1) Peine corporelle pour celui qui resterait dans son manoir et ne suivrait pas le roi.
(2) Et qui dévaste bourgs et villes, et causait grande affliction.

lèrent la cité. Les malheureux habitants se repentent de s'être laissé enlever leur archevêque ; ils crient : « Aux armes les meilleurs ! *as armas li meyllor!* et ils chassent le cousul Sévi, ses complices le sacristain et le prévôt, et toute la tourbe hérétique.

Après cette heureuse révolution, cent bourgeois d'Arles, députés de la ville, se rendent à Lérins, pour supplier Honorat de reprendre son archevêché. Ils s'avancent vers le monastère pieds nus, en chemise et la corde au cou : Honorat, touché de pitié, consent à retourner avec eux.

Ayzi diz con li frayre del Leryns viron sant Honorat en un carre de fuec en capitol, quells commandet à Dieu.	Ici dit comment les frères de Lérins virent saint Honorat en un char de feu dans le chapitre, qui les recommanda à Dieu.

1. Al temps que lo cor santz regia l'arcivescat,
   Alcun baron das Arlle an un clergue trobat
   En peccat del luxuria, e an lo mantenent
   Menat a l'arcivesque qu'en fezes jujament :
5. E det li penedenza segon qu'a meritat ;
   Mas no jeus (1) de pecunia, con fan alcun prelat.
   Almonas ni dejunis non carguan a la gent :
   Sol que puescan aver los deniers e l'argent ;
   E dels autruys peccatz poynan con fazan ricx
10. Los frayres els parentz e los autres amicx.

1. Au temps que le corps saint régissait l'archevêché,
   Aucuns barons d'Arles ont un clerc trouvé
   En péché de luxure ; et l'ont sur-le-champ
   Conduit à l'archevêque pour qu'*il* en fît jugement :
5. Et *il* lui donna pénitence selon qu'il a mérité ;
   Mais non point de pécune, comme font aucuns prélats.
   Aumônes ni jeûnes *ils* n'imposent aux gens :
   Seul que (seulement que) puissent avoir les deniers et l'argent ;
   Et des péchés d'autrui travaillent à faire riches (2)
10. Les frères et les parents et les autres amis.

Ce jour-là même les moines de Lérins, réunis en chapitre pour l'élection d'un administrateur, étaient en grande contestation. Le Saint-Esprit enlève dans un char de feu saint Honorat, qui priait dans son oratoire, et le transporte à Lérins au milieu du Chapitre. Le saint prêche aux frères la concorde et la charité, leur annonce qu'ils ne le verront plus, les bénit et disparaît aussitôt : le Saint-Esprit le reporte dans son oratoire d'Arles.

Cependant saint Honorat est devenu vieux et infirme, Jésus-Christ lui annonce que le temps de la récompense est enfin arrivé pour lui, et que dans trente jours il sera appelé « sus en la Iesarchie avec les glorieux saints » *sus en la Iesarchia am los glorios santz*. Honorat rend grâce à Dieu : il mande sur-le-champ de Lérins saint Nazaire, abbé du monastère, et saint Hilaire, qui doit lui succéder à l'archevêché d'Arles ; il leur annonce sa fin prochaine, et donne d'excellents conseils à tous deux. Il prédit ensuite de grands malheurs pour la Provence : les Sarrasins conquerront cités, villes et bourgs ; ils dévasteront l'île de Lérins et en occiront les religieux. L'île restera inhabitée pendant cinquante-trois ans : puis le Roi de Majesté la visitera ; les moines échappés au massacre y retourneront, reconstruiront l'abbaye, et ce sera pour toujours un lieu de religion.

---

(1) On disait aussi et l'on dit encore *jes*.
(2) Mot-à-mot : peinent (s'efforcent) comment ils fassent riches leurs frères, etc.

Ayzi diz con sant Honoratz retray lo jorn de sa fin.
Ici dit comment saint Honorat annonce le jour de sa mort.

Il convoque le peuple et les clercs de la cité, leur annonce qu'il mourra le lendemain et leur fait de touchants adieux, on ne lui répond que par des pleurs et des gémissements. Il fait apporter les ornements de l'autel, dit la messe en présence de la foule, les recommande à Dieu, les bénit,

> 4. E mes s'a ginoyllons. Una flama lusentz
> Lo trasceis tot entorn; e rendet l'esperit
> Al Rey de paradis, a cuy a tant servit.
> Aqui viron per cert, tota li compaynia,
> 5. Cant del precios cors li arma si partia,
> En forma de colomba blanqua e resplandent
> L'en an vista montar tro intz el fermament.

> — 4. Et se mit à genoux. Une flamme brillante
> Le ceignit tout autour; et il rendit l'esprit
> Au R. de paradis, à qui [que] il a tant servi.
> Là virent pour certes, toute l'assistance,
> 5. Quand du précieux corps l'âme se départait,
> En forme de colombe blanche et resplendissante
> Ils l'ont vue de là monter jusqu'en le firmament.

Ayzi diz con sant Ylaris et sant Nazaris, qu'eran ad Arlle, e li frayre qu'eran en l'islla, en viron puiar l'arma de sant Honorat en paradis.
Ici dit comment saint Hilaire et saint Nazaire, qui étaient à Arles, et les frères qui étaient en l'île, de là virent monter l'âme de saint Honorat en paradis.

Saint Hilaire et saint Nazaire expriment leur douleur et font l'éloge du saint archevêque. On n'entend que cris, on ne voit que gens en pleurs dans toute la cité : « Car, Seigneur, qui fera jamais tant de miracles, de marier jeunes filles, ressusciter enfants, de nourrir pauvres gens, et d'instruire le clergé ? »

> Car, Seyner, qui fara jamays miracles tantz,
> De maridar donzellas, ressucitar enfantz,
> De noyrir paura jent e d'eseynar clerzia ?

Cependant saint Nazaire avait envoyé la fatale nouvelle à Lérins. Les moines éplorés s'assemblent devant l'église : ils entendent un grand bruit dans les airs, lèvent la tête, et voient l'âme de saint Honorat, entourée d'étoiles et montant au paradis en grande compagnie d'anges et de saints. Ils lui crient de ne pas les abandonner et de les emmener avec lui.

> Sant Honorat s'estanca sus en la gran clerdat,
> E bezeni los frayres e tota l'abadia;
> Et dys lur certamentz que tostemps mays seria
> De l'islla del Lerins patrons et avocats;
> E preguara per totz los frayres els donatz
> E que vesitaran los cors santz del Lerya.

> — Saint Honorat s'arrête sus en la grande clarté,
> Et bénit les frères et toute l'abbaye;
> Et leur dit certainement qu'à tout jamais serait
> De l'île de Lérins patron et défenseur;
> Et prierait pour tous les frères et les donnés (1)
> Et ceux qui visiteraient les corps saints de Lérins.

---

(1) Les donnés au couvent, ceux qui s'étaient donnés eux et leurs biens.

LA VIE DE SAINT HONORAT. 39

Ayzi diz con sant Nazaris en fazia portar lo cors de sant Honorat en l'islla, e del miracle d'Aliscamps.

Ici dit comment saint Nazaire faisait emporter le corps de saint Honorat en l'île, et du miracle d'Aliscamps.

Les quelques moines de Lérins qui se trouvent à Arles prennent le corps de saint Honorat, déposé au cimetière d'Aliscamps et le font placer dans une bière, *en athauc*, pour l'emporter à l'île ; mais voilà que tous les morts du cimetière se lèvent à la fois,

1. E cridan ad auta voutz : « Digna causa non es
Nos tollas lo cor sant que Dieu nos a trames ! »
Cant an vist et ausit la cridor e los clamps,
Civyll que portan lo cors, dels vases d'Aliscamps,
5. Fuion s'en derrandon de paor qu'an aguda ;
Et an layssat lo cors cant an ausit la bruda.
Mays pueyssas son vengut et son si confortat :
Volon portar lo cors si con an ordenat ;
E li mort an cridat mot plus fort que davant :
10. « Digna causa non es nos tollas lo cors sant ! »
Ara layssaan lo cors et fuion s'en trastut
Li petit e li gran c'ab ell eran vengut.
E cant li baron d'Arlle e li sancta clerzia
An vist los granz miracles que Ihesucrist fazia,
15. Penssan si mantenent que Dieus a ordenat
Que le cors santz non sia gitatz de la ciptat.
Per que an fag bastir tantost una capella
Al l'honor del cors sant, qu'es avinentz e bella ;
Dreg de sobre lo vas de Vesian lo bon
20. An mes sant Honorat, lo sieu car conpaynon,
De denfra la capella ben e onrradament,
On fetz Dieus grantz miracles e fara longuament :
Si con vos escriuray en lo redier tractat,
El libre c'ausires cant l'auray romanzat,
25. Dels miracles que fetz lo glorios prelatz.
Bezenetz en sia Dieus el' Vera Majestaz,
Tos temps. Amen.

— 1. Et crient à haute voix : « Digne chose *ce* n'est
Nous preniez le corps saint que Dieu nous a donné ! »
Quand ont vu et ouï la clameur et les plaintes,
Ceux qui portaient le corps, des tombeaux d'Aliscamps,
5. *Ils* s'enfuient précipitamment de la peur qu'*ils* ont eue ;
Et ont laissé le corps quand ont ouï la rumeur.
Mais puis sont venus et se sont rassurés :
Ils veulent porter le corps ainsi qu'*ils* ont décidé ;
Et les morts ont crié moult plus fort que devant :
10. « Digne chose ce n'est nous preniez le corps saint ! »
Alors *ils* laissent le corps et s'enfuient trétous
Les petits et les grands qui avec eux étaient venus.
Et quand les barons d'Arles et la sainte clergie
Ont vu les grands miracles que Jésus-Christ faisait,
15. *Ils* pensent maintenant que Dieu a ordonné
Que le corps saint ne soit emporté de la cité.
Pour quoi ont fait bâtir tantost une chapelle
A l'honneur du corps saint, qui est avenante et belle ;
Droit dessus le tombeau de Vesian le bon
20. Ont mis saint Honorat, le sien cher compagnon,
Dedans la chapelle bien et honorablement,
Où fit Dieu grands miracles et fera longtemps :
Si comme vous l'écrirai en le dernier traité,
Au livre que ouïrez quand l'aurai romancé,
25. Des miracles que fit le glorieux prélat.
Béni en soit Dieu et la Vraie Majesté,
Tous temps. Amen.

Le troisième et le quatrième livre ne se composent, en effet, que de récits d'un grand nombre de miracles faits par saint Honorat, pendant sa vie et après sa mort. L'auteur en a même rapporté, vers la fin du second livre, quelques-uns que j'ai cru devoir passer sous silence, parce qu'ils ne se rattachent point directement à l'action, qu'ils allanguissent le récit et y figurent tout à fait comme hors-d'œuvre. Bien certainement la foi de nos pères donnait à tous ces miracles racontés par le poëte un intérêt et un charme qu'ils n'ont plus pour nous : je m'arrête donc au point où finit réellement la *Vie de saint Honorat*, c'est-à-dire le singulier poëme qui porte ce titre. Cependant pour donner une idée des récits miraculeux qui composent exclusivement les deux derniers livres, j'ai cru devoir en extraire quatre des plus curieux.

Li torres de la Turbia.

Al temps antic un jayanz fom,
Savis, c'Appollo avia nom,
Qu'era filosofe nomatz
E per alcuns dieus appellatz,
Tant sabia do l'astroloima
E de l'art de nigromantia.
Tot Espayna e Aragon
Bautuguet d'aquella rason.

La tour de la Turbie (1).

Au temps antique un géant fut,
Savant, qui Apollon avait nom,
Qui était philosophe réputé
Et par aucuns dieu appelé,
Tant *il* savait de l'astronomie
Et de l'art de nécromancie.
Toute *l*'Espagne et Aragon
Il infecta de cette doctrine.

Il entre en Lombardie, s'arrête à la Turbie et y trouve, sur le mont d'Agel près de la mer, un lieu fréquenté par les diables et tout à fait propre à ses incantations. Il trace des cercles et les signes du zodiaque suivant la forme de la sphère; mais quand il a fini tous ses sorts, il prévoit qu'il lui reste peu de temps à vivre. Ne pouvant échapper à la mort, il veut au moins laisser une œuvre qui fasse parler éternellement de son savoir et de son habileté; et il fait par enchantement une grande tour ornée de colonnes de marbre et de figures antiques. Quand il a terminé la tour, il assemble les démons et fait consacrer par eux une idole qui, par vertu d'enchantement, rendait raison de tout ce qu'on lui demandait. L'enchanteur Apollon place cette idole sur la tour, puis il se tue et se fait enterrer secrètement.

A la torre venian cochos
De totas partz marit gilos;
Cascuns per far proar s'esposa :
Car l'idola malaurosa
Lur diziu totz los failliments.
Per que l'apellava li jentz
A la torre benaurada;
Car manta femna esposada
Si guardavan de far follor,
C'on non las menes à la tor.

A la tour venaient empressés
De toutes parts maris jaloux;
Chacun pour faire éprouver son épouse :
Car l'idole de malheur
Leur disait tous leurs failliments (2).
Pour quoi l'appelait le monde
A la tour bienheureuse ;
Car maintes femmes mariées
Se gardaient de faire sottise,
De peur qu'on ne les menât à la tour.

Aymes, prince de Narbonne, conduisait à cette terrible tour sa femme Tiborc, qu'il soupçonnait non sans raison. Ils passent à Lérins, et la pauvre Tiborc a la bonne idée de tout avouer à saint Honorat. Le saint la rassure et lui dit :

« Cara filla, del faylliment
Aias dolor e marriment.
Car pueys que t'en yest confessada,
L'idola non er tan ausada
Que puesca de tu nuyll mal dir. »

« Chère fille, de la faute
Aie douleur et componction.
Car après que t'en es confessée,
L'idole ne sera tant osée
Que puisse de toi nul mal dire. »

---

(1) Monument romain attribué à Auguste et que l'on voit encore à la Turbie, près de Nice, sur la route de Gênes. — Cet épisode fait partie du second livre.
(2) Toutes les fautes de leurs femmes.

Il prend ensuite un morceau de sa cagoule et le met sur la tête de la dame, qui le recouvre de son voile. Aymes s'en va à la Turbie avec tout son monde; il demande à l'idole si Tiborc a failli à ses devoirs d'épouse.

Li majes de sus de la tor	Le magicien de dessus la tour
Diz que donna de gran valor	Dit que dame de grand mérite
Era Tiborc : non conoyssia	Était Tiborc : *il* ne connaissait
Agues fag faylliment un dia.	*Qu'elle* eût fait faute un *seul* jour.

Plus Aymes interroge, plus le *magicien* (l'idole magique) persiste dans ses affirmations. Le prince de Narbonne rend alors son amour à sa femme; et, joyeux l'un et l'autre, ils vont raconter la chose à saint Honorat, qui les engage à ne plus consulter dorénavant le démon.

Ad Arlluc. — A Arluc (*n.* XXIII).

Li gesta di qu'el temps antic,	La geste dit qu'au temps antique,
Per .I. gran encantador ric	Par un grand enchanteur riche
Fom faz uns autars el bosquage,	Fut fait un autel dans le bocage,
Sus en .I. puey pres del marage;	Sur un tertre près de la mer;
(Per .I. pont i passavan l'aygua)	(Par un pont on y passait l'eau)
On adorava li gent l'ayga (1),	Où le monde adorait le bouc (1),
En los plans desotz Auribell.	En la plaine dessous Auribeau (*n.* XXIV).
Arluc nomavan lo castell.	Arluc on nommait le castel.
Cloasters si fez appellar	Cloaster se fit appeler
Cel c'avia sagrat l'autar;	Celui qui avait consacré l'autel;
On apareyssian diablias	Où apparaissaient diableries
De sortz e de mantas follias.	De sortiléges et de maintes folies.
Per qu'en lo temps que l'abadia	Par quoi au temps que l'abbaye
L'abas sant Nazaris tenia,	L'abbé saint Nazaire tenait,
Venc ad Arluc uns jouvencels	Vint à Arluc un jouvencel
(On l'autar era granz e bellz)	(Où l'autel était grand et beau)
C'avia non Ambrueys, sens mentir;	Qui avait nom Ambroise, sans mentir;
Son sacrifizi vay complir.	Son sacrifice *il* va accomplir.
Lo ser enanz fez esta vista	Le soir d'avant *il* fit cette visite (2)
La festa sant Johan Baptista.	La fête *de* saint Jean-Baptiste.
Ar' ausires .I. fag mirable;	A cette heure oirez un fait merveilleux :
D'aqui lo leveron diable,	De là l'enlevèrent diables,
Denant l'autar d'Arluc sens faylla,	Devant l'autel d'Arluc sans faute,
E portan l'en un col si fos paylla,	Et l'emportent comme si *ce* fût paille,
Sus per l'ayre, sobre la mar;	Sus par l'air, au-dessus de la mer :
En enfern i'en volian portar;	En enfer *ils* voulaient l'emporter;
Adoncs plorava le mesquins.	Adonc plourait le malheureux.
Cant fou sus l'isla del Lerins,	Quand fut sur l'île de Lérins,
El ausi matinas cantar	*Il* ouït matines chanter
Als monegues, denant l'autar,	Aux moines, devant l'autel,
Que s'efforsan de Dieu servir.	Qui s'efforcent de Dieu servir.
Mantenent li vay sovenir	A l'instant lui va souvenir
En son cor dels miracles granz	En son cœur des miracles grands
Que fay le precios cors santz;	Que fait le précieux corps saint;
E comandet si de bon grat	Et se recommanda de bon gré
A monsegner sant Honorat.	A monseigneur saint Honorat.
Le santz mantenent es vengutz,	Le saint sur-le-champ est venu,
Tol lur Ambrueys, que es casutz;	Leur enlève Ambroise, qui est tombé;
Sus en la gleysa l'an layssat.	Au-dessus de l'église l'ont laissé.
Trastut si son meravillat	Trétous se sont émerveillés
Li frayre, cant auson los critz	Les frères, quand *ils* oient les cris

---

(1) Le bouc du sabbat : *ayga* est exactement le grec αἴγα, qui a la même signification que αἴξ.

(2) Visite de dévotion, dans le sens de visiter les églises, visiter les saints lieux. Le mot *vista* signifie ordinairement *vue*; mais de même que le mot *visita*, dont il paraît être la contraction, il vient du latin *visitare*, qui signifie *voir souvent, aller ou venir voir*, et qui a la même racine que *visere*, fréquentatif de *videre*.

Que fasia le caytieus marritz.	Que faisait le chétif dolent.
Defora s'en yeiseron tug;	Dehors ils issirent tous;
E feron penre lo casug,	Et firent prendre le tombé,
Que tenia li paors tan granz;	Que tenait la peur si grande;
Et a lur dig que le cors sanz	Et il leur a dit que le corps saint
Als follcs l'a tout econquis,	Aux follets l'a tout reconquis,
Que l'enportavan en abis (1).	Qui l'emportaient dans l'abîme.
« Per que, seynors, vos quer merce	« Pour quoi, seigneurs, vous quiers merci
Que pregues Ihesucrist per me,	Que priiez Jésus-Christ pour moi,
Em' des abiti de mongia	Et me donniez habit de moine (2)
En aquesta sancta abadia. »	En cette sainte abbaye. »
Adonx le coventz am l'abat	Adonc le couvent avec l'abbé
L'an vestit e appareyllat.	L'ont vêtu et appareillé.
Que fom pueys de mot sancta vida:	Lequel fut puis de moult sainte vie:
Si com li veritat conplida	Ainsi comme la vérité complète
Fom escricha dintz l'abadia	Fut écrite dans l'abbaye
Dels miracles que Dieu fasia	Des miracles que Dieu faisait
Per sant Ambrueys, qu'es convertitz,	Par saint Ambroise qui s'est converti,
Quel' santz tolc als diauls marritz.	Que le saint ravit aux diables méchants.
Adonx sant Nazaris trames	Adonc saint Nazaire transmit [envoya]
Per tayllar lo gran bosc espes.	Pour couper le grand bois épais.
Non y laysan pin ni sanbuc,	Ils n'y laissent pin ni sureau,
E pecejan l'autar d'Arluc.	Et mettent en pièces l'autel d'Arluc.
Pueys donnas y feron venir	Puis dames y frent venir
Que Ihesucrist volian servir.	Qui Jésus-Christ voulaient servir.
Elena monestier y fetz,	Hélène monastère y fit,
Qu'era princessa de Reges.	Laquelle était princesse de Riez.

A Beljuec.	A Beaujeu.
Le pros en Raybauz de Belljuec,	Le preux Raybaud de Beaujeu,
Seynors que era d'aquell luec,	Qui était seigneur de ce lieu,
Era devotz et amix fins	Était dévot et ami parfait
Del sant monestier del Lerins;	Du saint moustier de Lérins;
El' donna sa moyllers na Saura,	Et la dame sa femme Saura (3),
Que fasia gran ben a gent paura,	Qui faisait grand bien à gent pauvre,
Doze anz estet am son seynor	Douze ans resta avec son seigneur (4)
Qu'enfant non ac. Per que un jor	Qu'enfant elle n'eut. Pour quoi un jour
Vodet al glorios cors sant	Fit vœu au glorieux corps saint
Que si Dieus li donessa enfant,	Que si Dieu lui donnait enfant,
Que cascun an vesitaria,	Que chacun an elle visiterait,
Al jorn que l'enfas nayseria,	Au jour que l'enfant naîtrait,
L'isla del Leryns els cors santz :	L'île de Lérins et les corps saints :
Sant Caprasi e sant Venanz.	Saint Caprasi et saint Venans.
Per que ac aquel an enfant	Par quoi eut cette année enfant
Li donna; don ac joya grant.	La dame; dont elle eut grande joie.
Mas a cap de l'an son viaje	Mais au bout de l'an son voyage
Fez al Lerins per romavaje.	Elle fit à Lérins par pélérinage.
A Vilafranqua dinz el port	A Villefrancho (n. XXV) dans le port
Montan en mar; el' donna fort	Montent en mer; et la dame fort
Temps lo peryll de la marina.	Craint le péril de la mer.
Le cors li mov, et ill s'inclina :	Le cœur lui meut, et elle se penche :
Las colras (5) la fan trebayllar;	Les vomissements la font s'agiter;
L'enfas que ten li cay en mar,	L'enfant qu'elle tient lui tombe en la mer,
E intra s'en de mantenant,	Et entra dedans tout de suite,
Tro que fom al sol s'en deyssent.	Jusqu'à ce qu'il fut au sol (6) il descend.
Cant s'aperceup li desastrada,	Quand s'en aperçut la malheureuse,

(1) A*byssus*, l'enfer.
(2) Mot à mot : « Habit de moinerie. »
(3) *Saura* ou *Isaura*, Isaure : blonde.
(4) Avec son mari.
(5) *Colras*, vomissements; de *cholera* : *Choleram facere* (Pline); *ad choleram adducere* (Hieron) provoquer un vomissement.
(6) Au fond de la mer.

En la mar si fora gitada;	En la mer se serait jetée ;
Mas tengron la siey cavallier.	Mais la retinrent ses chevaliers.
Ar' voguan fort li marinier :	Or voguent fort les mariniers :
En l'islla vengron de rando.	En l'île vinrent en peu de temps.
Li donna romp son cisclaton,	La dame déchire son manteau,
Sos fermalz e sa fresadura :	Ses fermoirs et sa fraise :
Velz ni guarllanda non li dura.	Voile ni guirlande ne lui dure (1).
Am las maus si desfay la cara ;	Avec les mains *elle* se défait le visage ;
E romp sa bella fayzon clara,	Et détruit sa beauté éclatante (2),
Si que le sancs li cay als pes.	Si que le sang lui tombe aux pieds.
Non pogra mudar non plores	Ne pourrait différer *qu'il* ne pleurât
Qui vis con si playn son dampnaje	Qui voit comme se plaint son malheur
Li gentills donna de paraje ;	La gentille dame de parage [de qualité];
E con tira sas sauras crins,	Et comme elle arrache ses blonds cheveux,
Tro fon a l'autar del Leryns	Jusqu'à *ce qu'elle* fût à l'autel de Lérins
Que casec sus el paiment.	Que [où] *elle* tomba sur le pavé.
. . . .	. . . .
« De cuy doncas faray rancura,	« De qui donc ferai-*je* plainte,
Qu'ieu meteys l'ay mort de mas mans?	Puisque je l'ai moi-même tué de mes mains?
Tut sabon c'ayzo es vers plans.	Tous savent que cela est bien vrai.
Qui m'asolra d'aquest peccat ?	Qui m'absoudra de ce péché ?
Seyner, sil' m'avias donat,	Seigneur, si le m'aviez donné,
Atressi l'ay per vos perdut.	De même l'ai perdu par vous.
Miellz vengra non l'agues agut,	Mieux vaudrait ne l'eusse point eu,
E non agra en mon vivent	Et n'aurais de mon vivant
Tal dolor ni tal marriment !	Telle douleur ni telle affliction!
Car seyner de rayall natura	Cher seigneur, de royale nature (3)
(Car en aytant con le mont dura	(Car en autant que le monde dure
Non fon sanz de mayor liynaje)	Ne fut saint de plus grand lignage)
A'sta caytiva de paraje	A cette malheureuse de parage (4)
Vueyllas donar calque confort ;	Veuille donner quelque confort ;
Sinon trametes li la mort. »	Sinon transmets-lui la mort. »
Lo jorn et la nueg playn e cria	Le jour et la nuit plaint et crie
Li donna. Cant fon pres del dia	La dame. Quand *ce* fut près du jour
L'endeman que l'alba si fay,	L'endemain que l'aube se fait,
Tut reguardan e viron lay	Tous regardent et virent là
Lo glorios sant Honorat,	Le glorieux saint Honorat,
Que l'enfantet enmayllotat	Qui l'enfantet emmailloté
Mes sus l'autar, que si plorava ;	Mit sur l'autel, lequel pleurait ;
E le sanz la donna sonnava :	Et le saint la dame appelait :
« Saura ! ar' pren ayci ton fiyll,	« Saura ! or prends ici ton fils,
Que Dieus t'a gitat de periyll ;	Que Dieu t'a mis hors de péril ;
E rent li gracias e merces,	Et rends-lui grâces et merci,
Car per mas pregueras o fes. »	Car par mes prières le fit. »
Mas le sanz desparec amtant :	Mais le saint disparut alors :
El' donna correc a l'enfant,	Et la dame courut à l'enfant,
Desliet lo, car muyllaz es ;	Le délia, car mouillé était ;
La poza (5) li det, el' la pres.	Le sein lui donna, et lui le prit.
Ar' veias s'in degun repayre	Or voyez si en aucun pays
Li sancta gleysa pot retrayre,	La sainte église peut rapporter,
Apres los apostols, tan granz	Après les apôtres, si grands
Miracles de degun cors sanz ?	Miracles d'aucun corps saint ?
Per que donnas, e cavallier,	Par quoi dames, et chevaliers,
Clergue, et layc, e mercadier,	Clercs, et laïques, et marchands,
Devon lausar e besenir,	Doivent louer et bénir,
El' cors sant onrrar e servir	Et le corps saint honorer et servir
Tos temps.	Tous temps.

---

(1) Ne lui demeure.
(2) Mot à mot : « Elle détruit sa belle façon claire. »
(3) De royale origine.
(4) De bonne maison. Nous disons encore *de haut parage*.
(5) *Poza* ou *possa*, la mamelle.

A Gaudaléu.

Seynors, diray vos, per ma fe,
Que esdevenc à Guadalé.
Car Flavis, qu'era capellans,
Avia tres enfanz antre mans,
Quels enseynava de clerzia :
Per zo qu'en la sancta abadia
Fossan pueys receuput e mes.
Lur payre la los an promes.
Mas Rogiers, seyner del castell,
C'avia malautia de mesell,
Vi los enfanz sans e jausenz ;
E fez los enblar à sas jentz :
Qu'en sa cambra secretament
Auzire los fay mantenent ;
E diz qu'el sanc si baynaria,
Que guarir de la lebrosia.
Cant li enfant son estrangolat,
Li cap als cors s'en son tornat :
De contenent si van levar,
E comenzeron a plorar.
Cant Rogiers vi l'empreniment,
Anc non ac son parespavent :
Paor a, si si pot saber,
Non perda lo cors e l'aver.
Pres los enfanz de mantenent,
Portet los à nostre covent ;
De sant Aman s'es confessatz
D'aquestos greus mortals peccatz ;
E fez far, per conseyll del sant,
En l'islla ves solleyl levant,
Abitacle lueyn d'autras jenz ;
On vay punir sons faylliments.
E fom homs de gran sanctitat :
Car mon seynor sant Honoratz
Li vay apareyser un dia,
El' guari de la lebrosia.
Per qu'en apres san e guarit,
L'abas sant Amanz l'a vestit
De l'abiti ; c'am los enfanz
Servi Ihesucrist per motz ans.
En pero tant con an viscut
Li enfant, lur a paregut
En lo coll li nafra que fes
En Rogiers, cant los enfanz pres.
Pueys que los ac resuscitatz
Le benastrux (2) sant Honoratz,
Que rendet sandat al lebros,
Lausaz en sia le glorios
Tos temps.

A Gaudaléu (n. XXVI).

Seigneurs, vous dirai, par ma foi,
Ce qu'il advint à Guadalé.
Car Flavis, qui était chapelain,
Avait trois enfants en ses mains,
Qu'il instruisait de clergie :
Pour ce qu'en la sainte abbaye
Ils fussent puis reçus et mis.
Leurs pères là les ont promis.
Mais Roger, seigneur du castel,
Qui avait maladie de ladrerie,
Vit les enfants sains et gaillards ;
Et les fit enlever par ses gens ;
Qu'en sa chambre secrètement
Occire les fait sur-le-champ ;
Et dit qu'en le sang se baignerait,
Parce qu'il guérit de la lèpre.
Quand les enfants sont égorgés,
Les têtes aux corps sont revenues :
Incontinent se vont lever,
Et commencèrent à pleurer.
Quand Roger vit le rajustement,
Onc il n'eut son pareil effroi :
Peur a, s'il se peut savoir,
Qu'il ne perde le corps et l'avoir (1).
Il prit les enfants aussitôt,
Les porta à notre couvent ;
A saint Aman s'est confessé
De ces graves mortels péchés ;
Et fit faire, par conseil du saint,
En l'île vers le soleil levant,
Habitacle loin d'autres gens ;
Où il va punir ses fautes.
Et fut homme de grande sainteté :
Car mon seigneur saint Honorat
Lui va apparaître un jour,
Et le guérit de la lèpre.
Par quoi en après sain et guéri,
L'abbé saint Aman l'a vêtu
De l'habit ; qu'avec les enfants
Servit J.-C. pendant moult années.
Cependant tant que ont vécu
Les enfants, leur à paru
Au cou la blessure que fit
Roger, quand les enfants il prit.
Puis que les a ressuscités
Le bienheureux (2) saint Honorat,
Qu'il rendit santé au lépreux,
Loué en soit le glorieux
Tous temps.

---

(1) Qu'il ne perde la vie et tout son avoir, tous ses biens.
(2) *Benastrux* ou *benastruc*, de *bene* et *astrosus*, né sous un bon astre, sous un astre heureux. *Malastrux* et le français *malotru*, autrefois *malautru*, avaient le sens contraire.

NOTICE

SUR SAINT HONORAT ET SUR LES ILES DE LÉRINS.

Après la Légende écoutons un moment l'Histoire.

Saint Honorat ou Honoré était d'une famille gauloise très-illustre. Saint Hilaire, son disciple d'abord, puis son successeur à l'archevêché d'Arles (n. XXVII), nous apprend que plusieurs des aïeux d'Honorat avaient exercé de hautes fonctions, et même le consulat (1); mais il ne nous dit rien du lieu de sa naissance. Il est certain néanmoins que ses parents habitaient une province du nord de la Gaule, et, à ce que l'on croit, la ville ou les environs de Toul.

Son père et tous les siens étaient païens, dans une contrée toute païenne. Il fut conduit aux vérités du christianisme, par la seule force de ses études et de ses réflexions; et malgré la vive opposition de son père et de sa famille, il se convertit et reçut le baptême (2).

Alors le père, sollicité par des motifs purement humains, entoure Honorat de toutes les vanités mondaines capables d'entraîner sa jeunesse : il va jusqu'à se faire son compagnon d'études, pour le mieux subjuguer et le séduire par l'attrait des plaisirs et de la dissipation. Mais au milieu de tous ces pièges, le jeune homme n'en est que plus résolu à tenir les vœux du baptême : il dédaigne et repousse ce que le vieillard recherche avec ardeur : « Cette vie, dit-il, plaît, mais elle trompe (3) ; » et il soumet son corps à toutes sortes de mortifications, car *l'esprit était sa vie* (4). Son frère aîné Venance, converti par son exemple, lutte avec lui de zèle et d'amour pour la loi du Christ.

Quand le père et la famille virent que les moyens de séduction restaient sans effet, ils en vinrent aux menaces et aux mauvais traitements. Les deux frères vendirent alors tout ce qui leur appartenait en propre, en distribuèrent le produit aux pauvres, et quittèrent leurs parents et leur pays. Mais afin qu'on ne pût imputer à une étourderie de jeunesse un dessein inspiré par la piété, ils se mirent sous la conduite d'un vieillard, de saint Caprais, que toujours ils appelèrent leur père en Dieu (5).

Ils se rendirent d'abord à Marseille, et passèrent de là en Achaïe. Venance mourut à Méthone : Honorat revint en Italie et de là en Provence. Léonce occupait alors le siège de Fréjus : attiré par le mérite de ce saint évêque, Ho-

---

(1) Prætermitto commemorare avita illius secularium honorum insignia, et quod concupiscibile ac pene summum habet mundus, usque ad consulatus provectam familiæ suæ nobilitatem. (*De Vitâ S. Honorati.*)

(2) Sine admonitore convertitur. Sine admonitore dixi : et ubi illud, quod patriæ obstabat ; quod obluctabatur pater ; quod propinquitas tota renitebatur. (*Id.*)

(3) Hinc jam providus pater et terrenæ pietatis suspicione sollicitus, variis eum oblectationibus provocare, studiis juventutis illicere, diversis mundi vanitatibus irretire, et quasi in collegium cum filio adolescente juvenescere ; venatibus et ludorum varietatibus occupare ; et totam, ad subjugandam illam ætatem, seculi hujus dulcedine armari... Verum illi major inter hæc omnia erat custodiendi baptismatis cura. Fastidiebat adolescens, quo grandævus oblectabatur pater, tali se semper adhortatione compellans : *Delectat hæc vita, sed decipit*. (*Id.*)

(4) Et vere plena mortificatio corporis ; sed vita illi spiritus erat. (*Id.*)

(5) Ne quid tamen juvenili ausu temere ab ipsis inceptum putaretur ; assumunt senem perfectæ consummatæque ætatis, quem semper in Christo patrem nominarunt, sanctum Caprasium. (*Id.*)

norat s'arrêta dans cette ville ; et d'après les conseils de Léonce, il résolut de fonder un monastère dans les environs.

A peu de distance et à l'est de Fréjus, se trouvent deux petites îles qui touchent presque à la côte. La plus grande a une longueur de quatre kilomètres et une largeur d'environ 1200 mètres ; la plus petite a un peu moins de deux kilomètres de long et tout au plus 400 mètres de large : elles ne sont séparées que par un canal de cinq à six cents mètres. Strabon appelle la première *Léron* et la seconde *Planasia* (n. XXVIII) : il nous apprend que de son temps l'une et l'autre renfermaient des habitations, κατοικίας, et que *Léron* avait un temple dédié à une divinité du même nom. L'Itinéraire d'Antonin donne à la plus petite des deux îles le nom de *Lerinus* ; Pline la nomme *Lerina* et ajoute qu'il y avait autrefois une ville appelée *Vergoanum* (n. XXIX). Ce renseignement fourni par un auteur latin du premier siècle de notre ère, donne une certaine autorité à la tradition qui nous présente ces deux îles comme tout à fait désertes au IVe siècle, couvertes de bois épais et infestées de bêtes venimeuses. Honorat choisit *Lerina*, la plus petite et la plus éloignée du continent, et y fonda son célèbre monastère, l'an 375 selon les uns (1), 391 ou 404 suivant d'autres, et d'après l'opinion généralement reçue, l'an 410.

La piété de saint Honorat, sa douceur, son grand savoir et son habileté, attirèrent bientôt de toutes parts la foule des cénobites. « Quelle terre, quelle nation, s'écrie saint Hilaire, n'a pas quelques-uns de ses citoyens dans son monastère ? Quelle barbarie n'a-t-il pas domptée ? Combien de fois n'a-t-il pas changé des bêtes féroces en douces colombes (2) ? »

L'an 426, les habitants d'Arles, en ce temps la plus puissante cité de la Provence, choisirent le pieux abbé de Lérins pour succéder à Patrocle leur archevêque. Honorat prouva par ses œuvres que ces hautes fonctions étaient dues à son mérite. Il joignait en effet aux vertus chrétiennes les dons de l'intelligence et du savoir ; et il était fort estimé des hommes les plus remarquables de son temps. « Saint Hilaire loue sa facilité à s'exprimer en latin et même son éloquence. Il dit qu'il était très-capable de faire des écrits agréables, polis et dignes de passer à la postérité. Saint Paulin de Nole l'appelle *cet homme digne de vénération et de louange et illustre par les dons et les grâces de Jésus-Christ*. Cassien (n. XXX) dit qu'il brillait dans le monde comme un astre par la splendeur admirable d'une vertu si parfaite que ceux qu'il instruisait par sa doctrine, avaient peine à entreprendre de l'imiter. Saint Eucher, outre ce qu'en cite saint Hilaire, en parle encore avec éloge en divers endroits de ses écrits. Il dit que l'on voyait l'image des apôtres et dans la vigueur de son âme et même dans la majesté de son image. On attribue à Fauste (n. XXXI) une oraison prononcée à Lérins où il l'appelle un homme angélique. Le même Fauste compare autre part ce premier fondateur de Lérins à Moïse et à Élie. Isidore de Séville le qualifie de très-saint et vénérable Honorat. La vie de saint Loup de Troyes l'appelle un homme d'une vertu et d'une réputation extraordinaires. » (*Lenain de Tillemont.*)

Sa mort survenue le 16 janvier 429 fut digne de sa vie : il la fit servir au bien des assistants. Entouré de nobles personnages, du préfet ou gouverneur de la cité et d'hommes qui avaient exercé des charges préfectorales, il leur donna de graves instructions et d'excellents conseils. « Vous voyez, leur dit-il, quelle fragile demeure nous habitons. A quelque haut degré que nous nous élevions dans notre vie nous en serons précipités par la mort. Ni honneurs ni trésors n'affranchissent personne de cette nécessité. Elle est com-

---

(1) Fundatum hoc cœnobium anno 375 quidam volunt; alii an. 391, inter quos Bailletus. (*Gallia christ.*, I, page 529.)

(2) Omnes undique ad illum certatim confluebant. Etenim quæ adhuc terra, quæ natio in monasterio illius cives suos non habet? Quam ille barbariem non mitigavit? Quoties de immanibus belluis quasi mites fecit columbas? (*De Vita S. Honorati.*)

mune aux bons et aux méchants, aux puissants et aux faibles. Nous devons de grandes grâces au Christ, qui par sa mort et sa résurrection, a animé notre mort de l'espérance de notre résurrection, nous offrant la vie éternelle et dissipant l'horreur d'une éternelle mort. Vivez donc ainsi, que vous n'ayez point à redouter la fin de vos jours ; et ce que nous appelons mort, attendez-le comme passage dans une autre vie (1). »

L'année même où saint Honorat avait été appelé au siége archiépiscopal d'Arles, Cassien lui avait adressé sept de ses conférences. C'était l'époque de la grande querelle entre saint Augustin et Pélage, sur la grâce et la prédestination. Cassien exposait dans ses conférences une doctrine qui était une sorte de moyen terme entre celle de saint Augustin et l'hérésie des Pélagiens. On ignore si saint Honorat accueillit favorablement les opinions de Cassien, opinions combattues par saint Augustin ; mais nous savons qu'après la mort du pieux archevêque, le semi-pélagianisme de Cassien trouva de nombreux partisans et d'habiles défenseurs soit à Lérins même, soit parmi les prélats qui étaient sortis de ce monastère. Fauste et saint Hilaire se distinguèrent surtout dans cette polémique religieuse, qui agita tout le midi de la Gaule et ne se termina qu'en 529. Un concile tenu cette année-là à Orange consacra la doctrine de saint Augustin, sans condamner toutefois comme hérétiques les semi-pélagiens, qui, respectables d'ailleurs par leurs vertus et leur grand savoir, ne s'étaient jamais séparés de l'unité de l'Église.

Cependant l'île de Lérins s'étaient rapidement peuplée de religieux du vivant même de saint Honorat. Après la mort du bienheureux fondateur, la réputation du monastère s'étendit jusqu'aux dernières limites de la chrétienté. Les néophytes accouraient de partout à *l'île des saints* (n. XXXII). Un grand nombre d'entre eux appartenaient aux peuples barbares qui venaient de se partager les débris de l'empire romain, et qui à peine convertis au christianisme, n'avaient guère dépouillé les instincts et les mœurs de leur race. Des moines d'une telle origine ne pouvaient, malgré leur bonne volonté, se plier entièrement à une règle sévère : il arriva donc nécessairement que la discipline se relâcha peu à peu ; puis vinrent de grands abus, et enfin des désordres si graves, que vers le milieu du VIIe siècle, les Pères eux-mêmes sentirent la nécessité d'une réforme. Ils appelèrent un homme d'une grande réputation : Aygulfe, abbé de Saint-Agnan d'Orléans. Aygulfe consentit à prendre la direction du monastère de Lérins et rétablit la discipline.

La plupart des jeunes moines, regrettant leur premier genre de vie, murmurèrent contre la sévérité de la règle, et deux d'entre eux, Columbus et Arcadius, excitèrent une révolte que l'abbé Aygulfe parvint cependant à calmer. Columbus s'enfuit alors de Lérins, alla trouver un certain comte Mummulus, homme fort avide de richesses, et excita sa cupidité en lui parlant des grands trésors que renfermait le monastère. Mummulus se rendit en toute hâte à l'île de Lérins avec une troupe d'hommes armés : sur l'ordre d'Arcadius, l'abbé Aygulfe et trente-sept moines fidèles furent pris, enchaînés, frappés de coups de bâton par tout le corps et jetés dans un cachot (2). Cependant

---

(1) Confluentibus autem ad se potestatibus, Præfecto et præfectoriis viris, quam ferventia sub mortali jam frigore mandata depromsit, ab ipso exitu suo sumens acerrimum exhortationis exordium! Et dignum planè erat, ut qui vitæ semper exempla præbuerat, etiam mortem suam in exemplum advocaret. « Videtis, inquit, quam fragile habitamus hospitium. Quolibet vi-
« vendo ascenderimus, illinc morte detrahemur. Ab hac necessitate neminem honores, nul-
« lum thesauri redimunt. Hæc justis et injustis, hæc potentibus et humilibus communis est.
« Magnas Christo debemus gratias, qui morte et resurrectione propriâ mortem nostram spe
« resurrectionis animavit, æternam vitam offerens, discusso æternæ mortis horrore. Sic ergo
« vitam agite, ne vitæ extrema timeatis; et hoc quod mortem appellamus, quasi commigra-
« tionem expectate. » (*De Vitâ S. Honorati.*)

(2) Comprehendi, ligari, cruciarique fustibus per omnia membra jussit Archadius. (V. Barralis. *Chronol. Lerinensis.*)

Mummulus voulait avoir les trésors pour lesquels il était venu : il entre dans la prison d'Aygulfe et les lui demande : « Mes trésors, lui dit l'abbé, sont les religieux que tu vois ici avec moi, et les pauvres de Jésus-Christ. » Mummulus et sa bande ravagent alors le monastère (660).

Après son départ les moines révoltés enlèvent pendant la nuit l'abbé Aygulfe ainsi que ses compagnons, et les font monter sur un navire qui, sous la conduite de Columbus, doit les transporter dans une île lointaine. Une tempête s'élève; elle pousse le navire à la côte. L'abbé ou quelqu'un de ses trente-sept partisans peut échapper au naufrage et raconter ce qui s'est passé : Columbus leur fait couper la langue à tous. Après divers incidents et une longue navigation, ils abordent enfin à l'île Amaritine ou Amatune, entre la Corse et la Sardaigne. Columbus et ses complices débarquent leurs victimes sur ce rocher et les massacrent après leur avoir crevé les yeux (1).

Ce crime atroce ne resta pas impuni : Columbus fut mis à mort par ordre d'Ebroin, maire du palais en Neustrie ; le pape canonisa les trente-huit martyrs ; on transporta leurs reliques au monastère, et tous les religieux se soumirent à la règle.

Il semblerait d'abord qu'un pareil événement dût arrêter pour longtemps la prospérité du monastère de Lérins ; tout au contraire, il lui donna un accroissement extraordinaire : si bien que quarante ans après, l'abbé saint Aman se trouva avoir sous sa direction plus de 3,000 moines (4,700 suivant la chronologie de Lérins). C'était plus que ne pouvaient en contenir les deux îles. Les religieux de Lérins fondèrent alors une succursale aux îles d'Or, aujourd'hui îles d'Hyères.

L'an 730, les Maures ou Sarrasins d'Espagne firent une invasion dans l'Aquitaine, traversèrent le Rhône et parcoururent toute la Provence, pillant, massacrant et détruisant tout sur leur passage. Celle de leurs bandes qui dévastait la côte maritime, envahit l'île de Lérins et massacra l'abbé saint Porcaire avec 504 religieux. Ce sanglant épisode de l'invasion arabe nous a été transmis par Vincent Barralis de Salerne, d'après de très-authentiques et de très-anciens manuscrits du monastère, *ex fidelissimis et perantiquis manuscriptis cœnobii lerinensis*. Voici son récit ; je traduis presque mot à mot, respectant ce qui appartient à la légende plutôt qu'à l'histoire, me permettant seulement de supprimer quelques longueurs et des répétitions inutiles.

— « Après que la race d'Agar (2) eut dans sa fureur ravagé toute la Provence, et massacré un grand nombre de personnes qui périrent pour le nom du Christ, un ange du Seigneur, les devançant de dix jours, apparut en songe à Porcaire et lui dit : « Lève-toi promptement et cache les reliques sacrées
« qui, par les décrets du Seigneur, doivent être honorées dans cette île sainte
« pendant de longues années. Car il va arriver que ce lieu sera violé par les
« féroces barbares et consacré par le sang des religieux.... Exhorte donc et
« raffermis tes frères, afin que l'épouvante ne leur fasse pas renier la foi et
« perdre la vie éternelle. »

L'abbé assembla les religieux, leur annonça qu'après dix jours l'ennemi du Christ s'emparerait de l'île, et les exhorta à souffrir et à mourir pour le Seigneur.

— « Alors tous se mirent à pleurer de joie, aspirant avec ardeur à la gloire du martyre. Saint Porcaire leur dit : « Cachons les saintes reliques pour
« qu'elles ne soient pas profanées par les sacrilèges. » Ce qui fut fait. Il leur dit encore : « Il y a parmi nous, comme vous ne l'ignorez pas, seize en-
« fants et trente-six adolescents. S'ils sont emmenés par les Infidèles, je
« crains qu'ils ne se laissent séduire par de perfides caresses ou par la ter-

---

(1) Voir Vincent Barralis : *Chronol. Lerinensis*, et Baronius : *Annales ecclésiastiques*.
(2) Les Arabes, descendants d'Ismaël, fils d'Agar et d'Abraham.

« reur. Je suis donc d'avis que nous les envoyions en Italie, afin que, cette
« horrible calamité ayant pris fin, ils reviennent, rééditient notre saint mo-
« nastère et continuent à honorer pieusement les reliques que nous avons
« cachées. » Tous approuvèrent ce dessein, et alors les exhortant de nouveau,
il leur dit : « Examinez-vous avec soin, et s'il y a quelqu'un de vous qui re-
« doute le martyre, qu'il parte avec les enfants, pour qu'il ne faiblisse pas à
« la dernière heure. »

Cinq cent six religieux se sentirent assez forts pour supporter tous les tourments et glorifier Dieu jusqu'à la mort : ils se préparèrent au martyre par de
fréquentes oraisons.

— « Cependant, tandis qu'ils se munissaient des sacrements de l'Église, ils
reconnurent qu'une grande crainte s'était emparée de deux jeunes moines,
dont l'un s'appelait Columbus et l'autre Éleuthère. Ceux-ci, quittant les autres, se cachèrent dans une certaine grotte près du rivage de l'île. »

— « La race impie envahit l'île, frémissant de rage et rugissant contre les
saints. Ils saisissent les religieux sans défense et leur font souffrir toutes sortes
de tourments pour les forcer à dire où sont cachées les choses précieuses. Ne
pouvant obtenir des saints rien autre que les pauvres vêtements qui les cou-
vrent, ils séparent les jeunes des plus âgés, leur faisant de grandes promesses, s'ils voulaient adopter leur culte, et les menaçant d'une mort cruelle,
s'ils refusaient. Mais les vieillards, pleins de tristesse et d'inquiétude, supplient le Seigneur d'accorder à ces jeunes moines l'esprit de constance et la
force d'âme, qui les empêche de succomber. Alors les barbares se ruant sur
les vieillards comme des chiens enragés, *velut rabidi canes*, leur font souffrir
les plus horribles tortures. Ils exhortent en même temps les plus jeunes à évi-
ter de pareilles souffrances et à jouir avec eux des gloires de ce monde ; mais
n'obtenant rien d'eux ni par caresses ni par menaces, ils les font périr des
mêmes supplices que les vieux. De cette sainte cohorte, les ennemis de Dieu
n'épargnèrent que quatre jeunes religieux, d'une grande vigueur de corps et
d'une belle figure ; et ils les enfermèrent dans la barque de leur chef.... »

— « Cependant Columbus et Éleuthère, qui, comme nous l'avons dit ci-
dessus, s'étaient cachés dans le creux d'un rocher, voyaient par une fissure
latérale les âmes de leurs compagnons, brillantes comme des étoiles, monter
glorieusement dans les airs, au milieu des anges, les unes à la suite des autres.
Colombus dit alors à Éleuthère : « Ne vois-tu pas avec quelle grande gloire
« nos frères qui viennent d'expirer, s'élèvent au ciel? Ils nous attendent : al-
« lons, et, couronnés comme eux, montons vers le Seigneur. » Éleuthère re-
fusant de sortir, Columbus s'élança de la grotte, se joignit à la troupe des
martyrs et reçut la mort avec eux. »

— « Après qu'ils eurent massacré les moines, les Sarrasins, toujours fu-
rieux, rasèrent jusqu'au sol les églises et tous les édifices religieux de l'île
de Lérins : ils mirent en pièces les pierres et les colonnes du sanctuaire, qui
étaient travaillées d'une merveilleuse façon; et par mépris pour le Christ et
la foi catholique, ils en jetèrent les débris dans la mer. Quand leur rage
se fut assouvie par tant de méfaits, ils remontèrent en mer et vinrent aborder
à Agay. »

Là, les quatre jeunes moines captifs parvinrent à s'échapper dans un bois épais,
et avec le secours de Dieu, ils se réfugièrent dans des gorges impénétrables.

— « Marchant toute la nuit à travers les secrètes profondeurs de la forêt,
ils arrivèrent au lieu nommé Arluc. Ils y trouvèrent une petite barque près
du rivage, montèrent dedans et atteignirent l'île de Lérins au point du jour.
Qui pourrait dire les pleurs qu'ils versèrent et les plaintes qui s'échappèrent
du fond de leur cœur, lorsqu'ils virent les cadavres de tant de vénérables
Pères, gisants percés de nombreuses blessures et déchirés en lambeaux !... »

— « Or Éleuthère entendant leurs cris et leurs lamentations sortit de sa grotte, et, ayant reconnu ses frères, il mêla ses larmes et ses gémissements aux leurs; car il se repentait de ne pas avoir conquis avec les glorieux morts la palme du martyre, comme il aurait pu le faire en imitant Columbus. Mais la divine Providence avait voulu le réserver pour que, témoin oculaire, il pût transmettre le fait à la postérité, et que celle-ci honorât et célébrât dignement et à jamais la passion et la fête des saints martyrs. »

Éleuthère et les quatre autres religieux, après avoir enterré les corps des victimes, se rendirent en Italie pour y chercher les jeunes néophytes qui y avaient été envoyés. Ils allèrent à Rome, racontèrent au Saint Père le martyre de Porcaire avec ses compagnons et la destruction du monastère de Lérins : le pape canonisa les 502 martyrs.

— « Quelques années après, les barbares ayant été chassés de la Provence par les Francs, l'homme du Seigneur, Éleuthère, revint d'Italie avec les autres religieux : ils relevèrent le monastère de ses ruines et le rétablirent dans son premier état. »

Pendant cette première période d'environ trois cents ans, le monastère de Lérins fournit à l'Église douze archevêques, autant d'évêques, dix abbés et quatre moines Confesseurs, tous saints comme Porcaire et ses compagnons, et en outre un grand nombre d'hommes illustres (1). Nous avons déjà eu occasion de nommer quelques-uns d'entre eux : S. Véran, S. Maxime, S. Hilaire et Fauste (Voyez les notes XVIII, XIX, XXVII et XXXI); citons encore S. Vincent de Lérins (n. XXXIII); S. Eucher, archevêque de Lyon; S. Loup, évêque de Troyes; S. Césaire et S. Virgile, archevêques d'Arles; et enfin S. Agricol, archevêque d'Avignon.

L'île de Lérins, célèbre dans toute la chrétienté, reçut de bonne heure le nom d'île de S.-Honorat. Quant à *Leron* (ou *Lero*, suivant Pline), elle ne prit que fort tard celui de *Ste-Marguerite* : elle fut ainsi appelée d'une chapelle dédiée à cette sainte et construite à une époque incertaine. L'opinion commune est cependant que ce ne fut pas avant le XIVe siècle : nous avons vu en effet que notre poëte ne lui donne pas d'autre nom que celui de *la Trapa*.

Couverte de pins, de palmiers, de lauriers et de toutes sortes d'arbustes, l'île St-Honorat avait, au milieu des flots, un aspect si agréable, que les marins l'appelaient l'*aigrette de la mer* (n. XXXIV). De nombreux édifices s'élevaient dans ce séjour délicieux : c'était d'abord, au centre de l'île, la grande église dédiée à la Vierge Marie et au saint fondateur de Lérins ; tout à côté la chapelle de Saint-Benoît ainsi que le cloître et l'ancien réfectoire. Des allées tracées autour de l'île conduisaient les religieux et les pèlerins à sept oratoires ou chapelles placées dans l'ordre suivant, à partir de la pointe orientale de l'île et en suivant la côte septentrionale : l'oratoire de la Sainte-Trinité, celui de saint Cyprien et de sainte Justine, puis de saint Michel Archange, de saint Sauveur ou de la Transfiguration, de saint Caprais, à la pointe occidentale, de saint Pierre, patron de l'île, et enfin de saint Porcaire et de ses compagnons. Sur la côte méridionale s'élevait une grande tour dont on voit encore quelques ruines, et qui fut construite, suivant Barralis, sous l'abbé Adalbert II l'an 1008, « pour effrayer de loin et mettre en fuite les Sarrasins et autres cruels pirates. » Cette tour gigantesque, au sommet de laquelle on montait par un escalier tournant de deux cent cinquante marches, renfermait plus de quatre-vingt-quatre pièces d'habitation; elle ne fut terminée que vers l'an 1400.

L'achèvement de cet immense édifice semble marquer le commencement d'une période de rapide décadence pour le monastère ; en effet, cent ans après

---

(1) Hoc cœnobium variis locis et temporibus Ecclesiæ dedit archiepiscopos duodecim, episcopos totidem, abbates decem, et monachos quatuor Confessores et 501 martyres, omnes sanctos, cum multis viris illustribus. (*Gallia christ.*, III.)

(1515), l'abbaye de Lérins avait tellement perdu de son importance, que le pape Léon X l'unit et la subordonna au monastère du Mont-Cassin.

Mais ce qui lui porta un coup mortel, ce fut la prise des deux îles par les Espagnols en 1635. Le 13 septembre de cette année, vingt-deux galères, cinq vaisseaux et quelques chaloupes attaquèrent l'île Sainte-Marguerite, défendue par une seule compagnie du régiment de Cornusson : cette compagnie fut obligée de capituler après une vigoureuse résistance de vingt-quatre heures. Le lendemain, l'ennemi essaya de faire une descente sur le continent; mais il ne put enlever le fort de la Croisette, mis à la hâte en état de défense par quelques soldats de la garnison d'Antibes, auxquels s'étaient joints les habitants de Cannes et des environs. Repoussés de ce côté, les Espagnols attaquèrent l'île Saint-Honorat, laissée à peu près sans défense, et s'en emparèrent sans beaucoup de peine : leurs galères se portèrent ensuite devant les villes de Cannes et d'Antibes, et les canonnèrent inutilement.

Le cardinal de Richelieu avait fait élever deux ans auparavant, sur la côte septentrionale de l'île de Sainte-Marguerite, le fort Royal, qui existe encore de nos jours. Les Espagnols mirent ce fort dans un meilleur état de défense et en construisirent quatre autres dans cette île : le fort d'Aragon, au sud-ouest; la tour de Batiguier, à la pointe nord-ouest; le Fortin, à la pointe orientale, et le fort Monterey, dans l'intérieur. Ils coupèrent tous les arbres de l'île Saint-Honorat, entourèrent de fossés, de demi-lunes et de palissades la grande tour du monastère, et convertirent en forts ou bastions les chapelles qui existaient autour de l'île, les munissant chacune de deux canons.

Vers la fin de juillet 1636, une flotte française de cinquante-neuf gros vaisseaux, chargés de 6,650 hommes de guerre et de quatre cents pièces de canon, arriva du ponent dans la mer de Provence, et se joignit à celle qu'on y avait armée. Les troupes étaient sous le commandement du comte d'Harcourt, assisté du maréchal de Vitry, gouverneur de la Provence; Henri de Sourdis, archevêque de Bordeaux, commandait la flotte. Les Espagnols, avec l'aide des Génois et des Florentins leurs alliés, avaient augmenté leur armée navale et s'étaient préparés à une vigoureuse défense.

« Pendant que toute la noblesse et la milice de Provence, dit Honoré Bouche, estoient assemblées près de Cannes, que toutes choses estoient prêtes pour attaquer en deux endroits l'isle Sainte-Marguerite le 8ᵐᵉ jour du mois de décembre, et que tous les chefs de l'armée s'estoient assemblez dans le château de Cannes, pour résoudre sur les moyens et conclure les ordres qu'il y falloit observer, il arriva une petite contention entre le comte de Harcourt et le maréchal de Vitry, tous deux prétendant d'avoir part au commandement de l'armée; de laquelle contention l'archevêque de Bourdeaux, comme chef du conseil de la marine, s'estant voulu mêler, il receut dans la chaleur de l'action un coup de canne d'Inde de la main du même maréchal, personnage assez prompt, chaud et ardent. Ce qui causa une telle altération en l'armée que toutes les résolutions prises furent changées : la plupart de la noblesse se retira en sa maison : les artisans de toute sorte de métiers, pionniers, mineurs, charpentiers, forgerons et autres nécessaires à cette entreprise, congédiez, et l'attaque fut différée à une autre saison : d'où il arriva un grand préjudice aux affaires du Roy, d'autant qu'il ne se fit rien en l'ataque de ces isles durant toute l'année 1636, outre la moquerie des Espagnols et des Italiens qui tournoient en risée tous ces grands préparatifs. » (*Histoire de Provence.*)

Richelieu, comme on le pense bien, s'irrita fort du ridicule incident qui avait fait avorter une expédition préparée à si grands frais : le maréchal de Vitry, dépouillé de son gouvernement de Provence, fut mis à la Bastille, d'où il ne sortit qu'après la mort du cardinal. Pendant le reste de l'hiver, la flotte française, sous les ordres de l'archevêque de Bordeaux et du comte d'Harcourt, fit une expédition en Sardaigne ; elle revint trois mois après jeter l'ancre dans le golfe Juan. Un grand nombre de volontaires du pays avaient grossi les rangs des troupes de terre réunies sur la côte. Un village, celui de Biot, près d'Antibes, avait à lui seul fourni deux cents hommes bien armés et équipés. L'attaque des îles fut résolue pour le mardi 24 mars ; un vent contraire la fit remettre au samedi suivant. Elle commença par le Fortin, situé à la pointe orientale de Sainte-Marguerite : les Français l'emportèrent tout d'abord et se logèrent dans l'île. Les Espagnols, abandonnant le fort Monterey, se concentrèrent dans le fort Royal et dans celui d'Aragon. Ce dernier fort ne se rendit que le 20 avril, et le fort Royal seulement vingt-deux jours après. « L'île Saint-Honorat fut immédiatement attaquée de toutes parts, dit H. Bouche, par nos vaisseaux et nos galères ; et à grands coups de canon, au nombre de plus de dix mille, tous les retranchements furent abattus..... Les ennemis sortirent de l'isle le 15 mai. Le lendemain 16, jour de la fête du grand saint Honoré, protecteur de cette isle, l'archevêque de Bourdeaux y célébra la sainte Messe, ainsi qu'il s'estoit promis de faire. » — Quelque temps auparavant, à l'attaque de l'île Sainte-Marguerite, le digne archevêque-amiral avait eu ses habits percés et sa cuisse blessée d'une mousquetade.

Richelieu fit reconstruire le fort Royal de l'île Sainte-Marguerite. Cinquante ans après ce fort devint la prison du fameux *Masque de fer*. Parmi les nombreux prisonniers d'État qui y furent détenus après lui, on cite Lagrange-Chancel, enfermé par ordre du Régent, contre lequel il avait écrit ses Philippiques ; M. Omer Talon amené à Sainte-Marguerite en 1803, à son retour de l'émigration, et M. de Broglie, évêque de Gand, qui y fut relégué en 1809 pour son opposition au Concordat.

Un an ou deux avant la révolution de 1789, les bénédictins de Lérins, réduits à un très-petit nombre, quittèrent pour toujours l'île de Saint-Honorat (1). Devenue depuis lors une propriété particulière, et mise en culture, l'île sainte a déjà passé en bien des mains. Une actrice qui avait joui d'une certaine célébrité à la fin du dernier siècle, Mlle Sainval, de la Comédie Française, en était encore propriétaire en 1827 ; trente ans après, en vue des ruines de l'antique abbaye et au milieu des orangers du Cannet, est venue expirer une actrice bien autrement célèbre, l'israélite Rachel. L'île, achetée il y a peu de temps par un Anglais ministre du saint Évangile, le révérend Belmont Sims, qui se proposait d'y construire des maisons de plaisance, appartient aujourd'hui à ses héritiers.

---

(1) Dès 1725 il n'y avait déjà plus dans l'antique monastère qu'un vieil abbé et cinq religieux. (*Gallia christiana.*)

NOTES.

Note I, *page* vi.

M. A. Denis, dans son excellent livre intitulé *Promenades pittoresques à Hyères*, donne le récit du miracle d'Anselme ou Anselin, marquis d'Hyères, tout à fait conforme à celui que l'on trouve dans le IIIe livre du poëme de R. Feraud ; et il déclare qu'il l'a traduit d'un ouvrage en latin ayant pour titre *Vita sancti Honorati*, imprimé à Venise en 1500. Ce livre ne serait-il pas la reproduction du texte même d'après lequel R. Feraud a composé son poëme ?

Note II, *page* vi.

Reforsat d'Olières nous apprend que ce prieuré était celui de la Roque-Esteron :

> En la Rocqua tenc sa mayson
> Priols en la val d'Estaron.

Note III, *page* vi.

Le Monge des îles d'Or, religieux de Lérins, mort en 1408 au monastère des îles d'Or (îles d'Hyères). Il était de la noble famille des Cibo de Gênes et « parvint, dit J. « de Nostre-Dame, fécond en la poésie, rhétorique, théologie et autres arts libéraux. » Il excellait aussi dans la peinture et dans l'enluminure des livres. Son précieux manuscrit des Vies et poésies des poëtes provençaux est à la bibliothèque du Vatican ; ce manuscrit a appartenu à Pétrarque et au cardinal Bembo.

Note IV, *page* vi.

Robert fut roi de Naples en 1309. Il mérita d'être surnommé le bon et le sage, et fut le grand-père de la fameuse Jeanne de Naples.

Note V, *page* vi.

Religieux du monastère de Saint-Pierre de Montmajour d'Arles. Il vivait du temps du roi René.

Note VI, *page* vi.

Ce moine surnommé le fléau des poëtes provençaux, *lo flagel dels trobadors*, mourut en 1355. J. de Nostre-Dame dit qu'il périt victime de la vengeance de *quelques tyrans* contre lesquels il avait écrit.

Note VII, *page* vi.

Dans la vie de Perceval Doria, elle est nommée Alaette de Meolhon, dame de Curban.

Note VIII, *page* vi.

Glandevès, ancien évêché sur la droite du Var. Cette ville déjà en partie ruinée par les dégradations du fleuve, le fut entièrement à la fin du XIVe siècle pendant la guerre civile entre les partisans de Charles de Duras et ceux de Louis II d'Anjou, son compétiteur au royaume de Naples et au comté de Provence. Les habitants se réfugièrent à Entrevaux, sur la rive gauche, en face de la ville ruinée.

Note IX, *page* 1.

Gancelmus sive *Gancelinus* de Mayeris vel de Mayrois, monachus et abbas S. Theofredi in Arverniâ, Lerinensem adiit abbatiam 1295. (*Gallia christ.* III.)

Note X, *page* 1.

Marie de Hongrie, femme de Charles II le Boiteux, roi de Naples, de Sicile, de Jérusalem, et comte de Provence, mort en 1309. Elle survécut 14 ans à son mari.

Note XI, *page* 13.

La Lombardie s'étendait alors, c'est-à-dire à l'époque où écrivait l'auteur, jusqu'à la chaîne des Alpes qui sépare la France de l'Italie : elle comprenait donc tout le Piémont, mais non le comté de Nice, qui relevait du comté de Provence.

Note XII, *page* 13.

Le mont de l'Argentière est dans la chaîne des Alpes maritimes, sur la route de Barcelonette à Coni. C'est par ce passage que l'armée de François I*er* pénétra en Piémont, quelques jours avant la bataille de Marignan.

Note XIII, *page* 18.

Étienne II, pape en 752. C'est celui qui sacra Pépin le Bref et qui en reçut l'exarchat de Ravenne.

Note XIV, *page* 18.

Léon III, élu en 795, couronna Charlemagne empereur l'an 800.

Note XV, *page* 22.

Agay, belle plage à l'est de Fréjus ; ancienne *Athenopolis*, colonie marseillaise (d'Anville). Ce lieu, où l'on remarque les vestiges d'une ancienne ville, est appelé *Agathon* dans le récit du martyre de l'abbé saint Porcaire et de 501 religieux (voir la notice sur les îles de Lérins).

Note XVI, *page* 23.

Saint Lions ou Léonce, B. *Leontius*, fut en effet évêque de Fréjus, et l'on croit que saint Magons ou Magonce, B. *Maguntius*, fut archevêque de Vienne. Mais le premier occupait déjà le siège de Fréjus à l'arrivée de saint Honorat en Provence, et c'est lui qui indiqua au pieux cénobite l'île de Lérins comme un lieu très-propre à la fondation d'un monastère. Quant à saint Magonce, il paraît qu'il fut un des premiers compagnons de saint Honorat à Lérins.

Note XVII, *page* 24.

Si l'étymologie est poétique, elle est peu savante : c'est que l'on ne connaissait guère du temps de l'auteur ni l'Itinéraire d'Antonin, ni les œuvres de Pline. Quant à l'existence des serpents dans l'île de Lérins, elle est attestée en ces termes par saint Hilaire, l'un des compagnons de saint Honorat et son successeur à l'archevêché d'Arles : « Vacantem insulam ob nimietatem squalloris et inaccessam venenatorum animalium metu, alpino haud longe jugo subditam petit.... Ingreditur impavidus, et pavorem suorum securitate suâ discutit. Fugit horror solitudinis, cedit turba serpentium. » (*De vitâ S. Honorati, episcopi arelatensis.*) — On lit dans les *Notes d'un voyage dans le midi de la France*, par M. Mérimée : « Ce qu'on dit des serpents qui infestaient l'île à l'arrivée de saint Honorat, paraît encore vérifié par les témoignages des habitants. Un d'eux nous dit qu'il avait vainement essayé de former une garenne, et que les lapins qu'il avait lâchés avaient été promptement détruits par les reptiles. »

Note XVIII, *page* 26.

En 430, saint Véran fut élu évêque de Vence. On croit qu'il était fils de saint Eucher, qui se fit moine à Lérins et fut archevêque de Lyon. La ville de Vence conserve encore les reliques de Véran ainsi que celles d'un autre de ses évêques, saint Lambert, moine de Lérins, qui occupa le siège épiscopal de cette ville depuis l'an 1114 jusqu'en 1155.

Note XIX, *page* 28.

Mayme (saint Maime, Maimes ou Maxime) se fit moine à Lérins, et fut abbé du monastère après saint Honorat. Il fut appelé à l'évêché de Riez en 433 ou 434.

Note XX, *page* 30.

Il y avait en effet plus de cent reliques, parmi lesquelles un morceau de la vraie croix, de la colonne où N. S. fut attaché, de son berceau et de la table où fut faite la Cène. Les autres reliques les plus précieuses étaient plusieurs gouttes du sang de

J.-C. et du lait de la sainte Vierge, un doigt de saint Jean-Baptiste, un bras d'un des saints Innocents, des os de plusieurs apôtres, le corps de saint Honorat en une châsse d'argent ornée de pierres précieuses, etc. On en trouve le détail complet dans l'histoire de Provence d'Honoré Bouche et dans le *Recveil et inventaire des corps saincts et avtres reliqves qui sont av Pays de Provence, la pluspart desquels ont esté visitez par le Très-Chrestien Roy de France et de Navarre* Lovys XIII, *dit le* Ivste, au mois de Novembre de l'année 1622. Par I. Arnovx, Advocat. Aix MDCXXXVI. (Bibl. Mazarine, n° 27305.)

Note XXI, *page 31*.

Eugène II, pape en 824 : il fut surnommé le père des pauvres.

Note XXII, *page 33*.

Le puits existe en effet, on le voit encore. Saint Hilaire d'Arles, qui avait pu être témoin du miracle, le rapporte en ces termes : « Negatæ seculis aquæ fluunt, in uno « ortu suo duo veteris Testamenti miracula proferentes. Nam cum de saxo erumpe- « rent mediâ maris amaritudine, dulces profluebant. » (*De vitâ S. Honorati.*) En 1600 on plaça en face du puits, où elle est encore, une table de marbre portant l'inscription suivante, qui est attribuée au moine Vincent Barralis de Salerne :

> Isacidum ductor lymphas medicavit amaras,
> Et virga fontes extudit è silice.
> Aspice, ut hic rigido surgant è marmore rivi
> Et salso dulcis gurgite vena fluat,
> Pulsat Honoratus rupem, laticesque redundant
> Et sudis ac virgæ Mosis adæquat opus.
> *Mara Exod.* 15. *Sin. Num.* 20.

Le dernier vers fait allusion à deux miracles de l'ancien Testament (Exode, chap. XV ; Nombres, chap. XX), comme nous en prévient Vincent Barralis dans sa *Chronologia Lerinensis*.

Note XXIII, *page 41*.

Arluc, du latin *Aralucus* ou *Araluci*, ainsi nommé d'un autel consacré à Vénus dans un bois sacré. Ce lieu figure sous le nom de *Castrum de Arluco* dans une pièce de l'an 1200, citée par H. Bouche (*Chorographie et Histoire de Provence*). Le monastère de femmes dont nous parle le poète à la fin de ce morceau, était situé sur le joli tertre où se trouve aujourd'hui la petite chapelle de S.-Cassien, près du vieux pont de la Siagne : le bourg devait s'étendre au pied du monticule. Monastère et bourg furent ruinés par les Sarrasins ; rétablis ensuite, ils furent de nouveau détruits, vers 1360, par les bandes des Tard-Venus. Cependant le nom d'Arluc se lit encore sur quelques cartes de Provence du xvii° siècle. Papon et d'autres d'après lui, ont dit que c'est dans la plaine et sur les hauteurs à l'E. d'Arluc qu'eut lieu, entre les troupes d'Othon et celles de Vitellius, la bataille rapportée par Tacite dans le 2° livre des Histoires. Il ressort du texte même de Tacite que cette affaire n'a pu se passer à cet endroit. En effet, les Vitelliens, partis de Fréjus, marchaient vers l'Italie ; les Othoniens s'avançant du côté opposé, leur barrèrent le chemin en disposant leurs forces sur les collines voisines de la mer, ainsi que dans l'espace compris entre ces collines et le rivage, le long duquel la flotte était rangée. Après leur défaite, les Vitelliens *rétrogradèrent* jusqu'à Antibes (1). Or si le combat se fût livré à l'ouest de Cannes, comment les Vitelliens qui, venant de Fréjus, n'étaient pas encore parvenus à Antibes, auraient-ils pu se replier sur cette ville ? Je crois que l'on doit placer le lieu de cette action aux environs de Cagnes, entre Antibes et le Var.

Note XXIV, *page 41*.

Auribel, aujourd'hui *Auribeou*, en français *Auribeau* : village dont le nom paraît venir du latin *Horrea belli* (greniers de la guerre ou greniers militaires), et qui doit être l'ancien *ad Horrea* de l'Itinéraire d'Antonin et de la Table de Peutinger. Cette opinion, qui est celle du marquis Fortia d'Urban (*Recueil des itinéraires anciens*) et de M. Walckenaër (*Géographie de la Gaule*), a pour elle non-seulement l'étymologie fort probable ; mais ce qui vaut mieux encore, les indications mêmes de la Table et de l'Iti-

---

(1) C'est ce que dit formellement Tacite : « Vitelliani *retrò* Antipolim Narbonnensis Galliæ municipium, Othoniani Albingaunum interioris Liguriæ *revertere*. »

NOTICE

SUR SAINT HONORAT ET SUR LES ILES DE LÉRINS.

Après la Légende écoutons un moment l'Histoire.

Saint Honorat ou Honoré était d'une famille gauloise très-illustre. Saint Hilaire, son disciple d'abord, puis son successeur à l'archevêché d'Arles (*n.* XXVII), nous apprend que plusieurs des aïeux d'Honorat avaient exercé de hautes fonctions, et même le consulat (1) ; mais il ne nous dit rien du lieu de sa naissance. Il est certain néanmoins que ses parents habitaient une province du nord de la Gaule, et, à ce que l'on croit, la ville ou les environs de Toul.

Son père et tous les siens étaient païens, dans une contrée toute païenne. Il fut conduit aux vérités du christianisme, par la seule force de ses études et de ses réflexions ; et malgré la vive opposition de son père et de sa famille, il se convertit et reçut le baptême (2).

Alors le père, sollicité par des motifs purement humains, entoure Honorat de toutes les vanités mondaines capables d'entraîner sa jeunesse : il va jusqu'à se faire son compagnon d'études, pour le mieux subjuguer et le séduire par l'attrait des plaisirs et de la dissipation. Mais au milieu de tous ces pièges, le jeune homme n'en est que plus résolu à tenir les vœux du baptême : il dédaigne et repousse ce que le vieillard recherche avec ardeur : « Cette vie, dit-il, plaît, mais elle trompe (3) ; » et il soumet son corps à toutes sortes de mortifications, car *l'esprit était sa vie* (4). Son frère aîné Venance, converti par son exemple, lutte avec lui de zèle et d'amour pour la loi du Christ.

Quand le père et la famille virent que les moyens de séduction restaient sans effet, ils en vinrent aux menaces et aux mauvais traitements. Les deux frères vendirent alors tout ce qui leur appartenait en propre, en distribuèrent le produit aux pauvres, et quittèrent leurs parents et leur pays. Mais afin qu'on ne pût imputer à une étourderie de jeunesse un dessein inspiré par la piété, ils se mirent sous la conduite d'un vieillard, de saint Caprais, que toujours ils appelèrent leur père en Dieu (5).

Ils se rendirent d'abord à Marseille, et passèrent de là en Achaïe. Venance mourut à Méthone : Honorat revint en Italie et de là en Provence. Léonce occupait alors le siége de Fréjus : attiré par le mérite de ce saint évêque, Ho-

---

(1) Prætermitto commemorare avita illius secularium honorum insignia, et quod concupiscibile ac penè summum habet mundus, usque ad consulatus provectam familiæ suæ nobilitatem. (*De Vitâ S. Honorati.*)

(2) Sine admonitore convertitur. Sine admonitore dixi : et ubi illud, quod patria obstabat ; quod obluctabatur pater ; quod propinquitas tota renitebatur. (*Id.*)

(3) Hinc jam providus pater et terrenæ pietatis suspicione sollicitus, variis eum oblectationibus provocare, studiis juventutis illicere, diversis mundi vanitatibus irretire, et quasi in collegium cum filio adolescente juvenescere ; venatibus et ludorum varietatibus occupare ; et totam, ad subjugandam illam ætatem, seculi hujus dulcedine armari... Verum illi major inter hæc omnia erat custodiendi baptismatis cura. Fastidiebat adolescens, quo grandævus oblectabatur pater, tali eo semper adhortatione compellans : *Delectat hæc vita, sed decipit.* (*Id.*)

(4) Et verè plena mortificatio corporis : sed vita illi spiritus erat. (*Id.*)

(5) Ne quid tamen juvenili ausu temerè ab ipsis inceptum putaretur ; assumunt senem perfectæ consummatæque ætatis, quem semper in Christo patrem nominârunt, sanctum Caprasium. (*Id.*)

Note XXVIII, page 46.

Ce nom lui était probablement donné à cause de sa surface tout à fait plane. On a cru que ce fut dans cette île qu'Auguste relégua son petit-fils Agrippa (*Tacite*. Ann. I); mais il est beaucoup plus probable que ce fils de l'impudique Julie fut enfermé dans l'autre *Planasia*, aujourd'hui *Pianosa*, qui est au S.-O. de l'île d'Elbe.

Note XXIX, page 46.

Le séjour que les Romains firent dans *Lerina* est constaté par des colonnes antiques et des inscriptions qu'on y voit encore. « En abordant à l'île Saint-Honorat, dit M. Mérimée, on observe, dès qu'on a mis pied à terre, des amas de décombres et des fragments de briques, de pierres taillées, épars sur le sol; un grand nombre de ces briques sont de fabrique romaine. »

Note XXX, page 46.

Cassien, né vers l'an 350, selon les uns en Provence et suivant d'autres sur les bords de la mer Noire, entra d'abord au couvent de Bethléem, vécut quelque temps avec les solitaires de la Thébaïde, fut disciple de saint Jean Chrysostôme, et se distingua dans la lutte de l'Eglise contre l'arianisme. Envoyé en mission à Rome, il passa de là à Marseille où il fonda le célèbre monastère de Saint-Victor. Outre ses fameuses *Conférences*, nous avons de lui un *Traité de l'Incarnation*, dans lequel il combat la doctrine de Nestorius, et un livre des *Institutions monastiques*, qui servit longtemps de règle dans les monastères. Quoique les ouvrages de Cassien renferment dans quelques parties des opinions qui ont été combattues par saint Augustin, ils étaient cependant la lecture favorite de saint Thomas d'Aquin, et ils ont beaucoup servi à Arnauld d'Andilly pour la composition de sa *Vie des Pères du désert*. Cassien mourut en 440: diverses églises l'honorent comme un saint, bien qu'il n'ait pas été mis dans le Martyrologe; plusieurs papes, et entre autres saint Grégoire le Grand, lui ont donné ce titre.

Note XXXI, page 46.

Faustus ou *Fauste* (saint Fauste) était breton, « né apparemment dans la Grande-Bretagne, sur la fin du IV° siècle, » dit Lenain de Tillemont. Il se rendit à Lérins sous saint Honorat, succéda à saint Mayme d'abord comme abbé du monastère, en 433, puis à l'évêché de Riez, en 454 ou 462. Il fut exilé par le roi des Wisigoths, Euric, dont il avait combattu l'arianisme, et mourut en 485. Il était fort lié avec Sidoine Apollinaire, qui lui a adressé une de ses meilleures pièces de vers. Son fameux *Traité du libre arbitre et de la grâce*, dans lequel il soutient contre saint Augustin les opinions des semi-pélagiens, fait partie de la *Bibliothèque des Pères*.

Note XXXII, page 47.

Elle est ainsi désignée dans les écrivains du V° siècle. Sidoine Apollinaire, dans son épître à Fauste, faisant allusion à la surface plane de l'île de Lérins et au grand nombre de saints qu'avait déjà produits cette île, dit avec assez peu de goût:

. . . . . . Quantos illa insula plana
Miserit in cœlum montes!

Note XXXIII, page 50.

Saint Vincent de Lérins, mort vers 450, fut un des hommes les plus remarquables de son siècle. Préfet du prétoire dans une des villes de la Gaule, il vint se ranger sous la règle de saint Honorat et se rendit célèbre par un petit écrit intitulé: *Commonitorium peregrini adversus profanas omnium hæreticorum novationes*. Le temps n'a rien ôté à la valeur de cet ouvrage, que le P. Labbe a qualifié de *livre d'or* et dont Bellarmin a porté ce jugement: *mole parvum, sed virtute maximum*. Baluze en a donné une excellente édition, et une bonne traduction en a été publiée en 1686.

Note XXXIV, page 50.

Les deux îles sont dans une position ravissante entre le golfe de la Napoule, que bordent à l'O. les majestueuses lignes de l'Esterel et à l'E. le golfe Juan, où Napoléon débarqua le 1er mars 1815, à son retour de l'île d'Elbe. La côte voisine, formée par les dernières ondulations des Alpes, présente, vue de l'une ou l'autre des deux îles, un tableau des plus pittoresques. Vincent Barralis en a fait une description très-exacte. « Dans la périphérie de ce cercle semblable à un vaste amphithéâtre, dit-il, s'élèvent « des bourgs le long de la mer : La Napoule (Neapola), jadis Avenionetum, voisine de « Fréjus; la rivière de Siagne, abondante en poissons d'eau douce ; Cannes (Canoæ), « autrefois Castrum Marsellinum et Castrum Francum; sur le sommet d'une colline, « Mougins, anciennement Ville vieille (Villa vetus); Valauris (Vallis-aurea), dans le « voisinage d'Antibes : tous lieux sous le droit féodal du monastère de Lérins. » Il est assez surprenant que Barralis ne comprenne pas dans cette nomenclature Le Cannet, qui, placé en face même des îles de Lérins, se dessine si bien sur le fond de ce magnifique panorama. Ce lieu avait cependant, à l'époque où écrivait l'auteur, une certaine importance puisqu'il figure sur une petite carte de Provence gravée, en 1624, à Amsterdam, et dont la Bibliothèque Impériale possède un exemplaire.

Le nom de *Mougins* ou *Mongins*, comme on le voit souvent écrit dans les vieux livres et sur les anciennes cartes, mérite de fixer un moment l'attention de l'érudit. Barralis atteste l'antiquité de ce bourg dont le nom, contraction de *Mons Ægitnæ*, rappelle celui d'*Ægitna*, capitale des Oxybiens, petite tribu ligure qui occupait la partie de la côte comprise entre l'Esterel et la colonie marseillaise d'Antibes, et qui osa lutter d'abord avec la république de Marseille, puis contre Rome elle-même. On sait que la prise d'*Ægitna* (154 ans avant Jésus-Christ) fut le premier acte de la conquête de la Gaule par les Romains. Il est probable que les Oxybiens échappés à la bataille qui suivit la ruine d'*Ægitna* (voir Polybe : *Excerpta legationum* CXXXIV) établirent leur demeure sur la montagne couronnée par le Mougins d'aujourd'hui; peut-être aussi Ægitna et Mons *Ægitnæ* existaient-ils en même temps. Quoi qu'il en soit, la position de *Mons Ægitna* peut servir à déterminer celle d'*Ægitna*, qui était bien certainement un port, au témoignage même de Polybe (1). Cet auteur, le seul de l'antiquité qui nous ait transmis le nom propre de cette ville (2), nous apprend qu'il y avait dans son voisinage une rivière nommée *Apron*. Le savant Cluverius (*Italia antiqua*) pense que cette rivière est la Siagne d'aujourd'hui et que l'Ægitna de Polybe est la ville de Cannes : je suis entièrement de son avis. D'Anville, Papon et tous ceux qui contrairement aux indications de la Table de Peutinger et de l'Itinéraire d'Antonin, ont voulu placer *Horrea* à Cannes, se sont vus obligés de mettre Ægitna sur le golfe Juan, *au-dessous du village de Mongins*, dit très-inexactement Papon, dans son *Voyage littéraire de Provence*. Or, quiconque examinera avec soin les localités devra reconnaître que cette dernière opinion est beaucoup moins fondée que celle de Cluverius : aucune rivière ne débouche dans le golfe Juan, dont la côte plate et unie est séparée de Mougins par divers chaînons de petites montagnes; Cannes, au contraire, n'est qu'à environ 5 kilomètres de l'ancien bras de la Siagne, et la vieille ville, placée sur une colline qui couvre le port du côté du couchant, s'y trouve bien véritablement au-dessous et en vue de Mougins.

Je suis étonné que M. Walckenaër, qui avait su, mieux que d'Anville et Papon, trouver la position d'*Horrea*, n'ait point adopté tout simplement l'opinion de Cluverius sur la position d'Ægitna, qu'il appelle *Ægitnapolis* et qu'il place à La Napoule. On ne saurait nier que ce dernier nom ne paraisse conserver un reste de la terminaison *napolis*; mais d'abord dans aucune phrase du texte de Polybe le mot *Ægitna* n'est suivi du mot *polis*, et il serait difficile de reconnaître le nom Ægitna dans celui de *La Napoule*; en outre, Papon (3) soutient avoir vu dans les archives du chapitre de Grasse, une charte de 1230, où ce lieu est nommé *Epulia*, qui se prononçait *Epoulia*. Il conclut, non sans raison, que c'est de là qu'est venu le nom moderne *Napoule*, et il combat victorieusement l'opinion de ceux qui, sans produire aucune preuve, ont prétendu que les seigneurs de Villeneuve, propriétaires de ce village, lui avaient donné le nom grec de *Neapolis*, traduction de leur propre nom.

---

(1) Voici le passage de Polybe : Οἱ καὶ πλέοντες μετὰ τῶν Μασσαλιητῶν προσέσχον τῆς Ὀξυβίων χώρας κατὰ πόλιν Αἴγιτναν. « Et ceux-ci (les députés de Rome) naviguant avec les Marseillais, abordèrent à la ville d'Ægitna, dans le territoire des Oxybiens. »
(2) Strabon l'appelle *port Oxybien*, ὁ Ὀξύβιος λιμήν.
(3) *Voyage littéraire de Provence.*

FIN.

www.ingramcontent.com/pod-product-compliance
Lightning Source LLC
LaVergne TN
LVHW022123080426
835511LV00007B/989